Laute und Buchstaben

Das deutsche Alphabet hat 26 große und 26 kleine Buchstaben:

A	B	C	D	E	F	G	H	I	J	K	L	M
a	b	c	d	e	f	g	h	i	j	k	l	m
N	O	P	Q	R	S	T	U	V	W	X	Y	Z
n	o	p	q	r	s	t	u	v	w	x	y	z

Dazu kommen die Umlaute **Ä Ö Ü** bzw. **ä ö ü** und das **ß** (allerdings nicht in der Schweiz, dort schreibt man immer ss).
Im Deutschen werden die meisten Wörter so geschrieben, wie sie gesprochen werden. Trotzdem kann man nicht eindeutig von der Aussprache auf die Schreibung und umgekehrt schließen.

Wer sich bei der Schreibung unsicher ist, sollte in jedem Fall ein Wörterbuch zur deutschen Rechtschreibung zu Rate ziehen.

Vokale

Laut	Beispielwort
[a]	hat
[aː]	Abend
[ɐ]	der
[ɛ]	sprechen
[eː]	gehen
[ə]	viele
[□]	mit
[iː]	Ziel
[ɔ]	oft
[oː]	Lohn
[ʊ]	Mutter
[uː]	Fuß

Umlaute

Laut	Beispielwort
[œ]	können
[ɛː]	zählen
[øː]	schön
[□]	füllen
[yː]	fühlen

Doppelvokale

Laut	Beispielwort
[a□]	bei
[aʊ]	Haus
[ɔ□]	neu

Konsonanten

Laut	Beispielwort
[b]	Ball
[ç]	mich
[x]	lachen
[d]	danke
[f]	fein
[g]	geben
[h]	Haus
[j]	ja
[k^h]	Kind
[l]	Liebe
[m]	Mädchen
[n]	nein
[ŋ]	lang
[p^h]	Paar
[□]	warum
[s]	missen, Maß
[ʃ]	schon, Stein
[t^h]	Tisch
[v]	wo
[z]	sehr
[ʒ]	Garage
[ts]	Zeit, Blitz
[tʃ]	deutsch

1 Der Artikel

Artikel stehen vor dem Substantiv. Sie haben die Funktion eines Begleiters.

Der Hund geht mit mir spazieren.

Es gibt folgende Artikel:

- Bestimmte Artikel: ***der*** *Hund,* ***die*** *Katze,* ***das*** *Pferd*
- Unbestimmte Artikel: ***ein*** *Hund,* ***eine*** *Katze,* ***ein*** *Pferd*
- Negationsartikel: ***kein*** *Hund,* ***keine*** *Katze,* ***kein*** *Pferd*

Die Artikel passen sich in Genus, Numerus, Kasus dem Substantiv an:

Der Hund *ist schon alt.* (Maskulinum, Singular, Nominativ)

Der Katze *schmecken Mäuse.* (Femininum, Singular, Dativ)

Die Pferde *fressen Gras.* (Neutrum, Plural, Nominativ)

▶ Kapitel 2, Substantive

Der bestimmte Artikel

Dieser Artikel bezeichnet etwas Konkretes oder schon Bekanntes.

Das ist ***der*** *Hund unseres Nachbarn.* ***Die*** *Katze von nebenan kommt auch immer zu uns. Und* ***das*** *Pferd gehört den Kindern.*

Formen des bestimmten Artikels:

	Singular			Plural
	Maskulinum	Neutrum	Femininum	
Nominativ	***der*** *Hund*	***das*** *Pferd*	***die*** *Katze*	***die*** *Tiere*
Akkusativ	***den*** *Hund*	***das*** *Pferd*	***die*** *Katze*	***die*** *Tiere*
Dativ	***dem*** *Hund*	***dem*** *Pferd*	***der*** *Katze*	***den*** *Tieren*
Genitiv	***des*** *Hundes*	***des*** *Pferdes*	***der*** *Katze*	***der*** *Tiere*

Die Verbindung von Präposition und bestimmtem Artikel

Der bestimmte Artikel kann sich mit einigen Präpositionen verbinden.

▶ Kapitel 8, Präpositionen

am	*an + dem*	***Am*** *Montag gehen wir tanzen.*
ans	*an + das*	*Wir wollen* ***ans*** *Ufer schwimmen.*
aufs	*auf + das*	*Die Katze ist* ***aufs*** *Dach geklettert.*
beim	*bei + dem*	*Wir müssen pünktlich* ***beim*** *Arzt sein.*
im	*in + dem*	***Im*** *Garten blühen jetzt Veilchen.*
ins	*in + das*	*Wir wollen* ***ins*** *Kino.*
vom	*von + dem*	***Vom*** *Fenster aus sehe ich die Kinder.*
zum	*zu + dem*	***Zum*** *Hafen ist es nicht weit.*
zur	*zu + der*	*Er geht nicht gern* ***zur*** *Schule.*

...

Der unbestimmte Artikel

Dieser Artikel bezeichnet etwas Neues oder Allgemeines.

Gestern habe ich ***einen*** *Hund gesehen. Das wird heute* ***ein*** *schöner Tag.*

Formen des unbestimmten Artikels

	Singular			Plural
	Maskulinum	**Neutrum**	**Femininum**	
Nominativ	***ein*** *Hund*	***ein*** *Pferd*	***eine*** *Katze*	---
Akkusativ	***einen*** *Hund*	***ein*** *Pferd*	***eine*** *Katze*	---
Dativ	***einem*** *Hund*	***einem*** *Pferd*	***einer*** *Katze*	---
Genitiv	***eines*** *Hundes*	***eines*** *Pferdes*	***einer*** *Katze*	---

! Im Plural gibt es keinen unbestimmten Artikel.
▶ In Kapitel 3 Pronomen gibt es weitere Beispiele für diese Formen.

Der Negationsartikel

Mit dem Artikel ***kein*** kann man etwas **negativ** ausdrücken. Er setzt sich aus *k* + *ein/eine/ein* zusammen.

Ich habe ***keinen*** *Hund,* ***keine*** *Katze und* ***kein*** *Pferd. Ich habe nur einen Goldfisch.*

Kein steht vor Substantiven

- statt eines unbestimmten Artikels *Sie ist eine gute Schauspielerin.*
  Sie ist ***keine*** *gute Schauspielerin.*
- ohne Artikel *Sie ist Schauspielerin.*
  Sie ist ***keine*** *Schauspielerin.*

Formen des Negationsartikels

	Singular			Plural
	Maskulinum	**Neutrum**	**Femininum**	
Nominativ	***kein*** *Hund*	***kein*** *Pferd*	***keine*** *Katze*	***keine*** *Tiere*
Akkusativ	***keinen*** *Hund*	***kein*** *Pferd*	***keine*** *Katze*	***keine*** *Tiere*
Dativ	***keinem*** *Hund*	***keinem*** *Pferd*	***keiner*** *Katze*	***keinen*** *Tieren*
Genitiv	***keines*** *Hundes*	***keines*** *Pferdes*	***keiner*** *Katze*	***keiner*** *Tiere*

! Im Singular sind die Formen des unbestimmten und des Negationsartikels gleich. Im Unterschied zu ***ein*** hat ***kein*** aber Pluralformen.

Die Negation mit *nicht* bei Substantiven mit bestimmtem Artikel

Steht bei der Verneinung vor dem Substantiv ein bestimmter Artikel, wird ***nicht*** gebraucht. Es steht dann vor dem bestimmten Artikel.

Das ist die Schauspielerin, zu der die Rolle der Julia passt.
Das ist ***nicht*** *die Schauspielerin, zu der die Rolle der Julia passt.*

Der Gebrauch der Artikel

Unbestimmter Artikel	Bestimmter Artikel
Es geht um eine **neue** Sache: *Kaufe morgen bitte* ***ein*** *Brot.*	Die Sache ist schon **bekannt:** *Soll* ***das*** *Brot frisch sein?*
Es geht um eine **neue** Person: *Ich habe* ***eine*** *Frau gesehen.*	Die Person ist schon **bekannt:** ***Die*** *Frau hatte grüne Haare.*
Es geht um **keine spezielle** Sache: *Gib mir bitte* ***ein*** *Glas.* *(Es ist egal, welches.)*	Es geht um **eine spezielle** Sache: *Gib mir bitte* ***das*** *Glas.* *(Es ist genau zu identifizieren.)*
bei **besonderen Eigenschaften** von nicht zählbaren Sachen: ***Ein*** *schlimmer Gestank ist das hier!*	bei **speziellen**, nicht zählbaren **Sachen:** *Woher kommt denn* ***der*** *Gestank?*
ebenso bei **Abstrakta**: *Das war* ***eine*** *große Freude.*	ebenso bei **Abstrakta**: *Das war* ***die*** *größte Freude seines Lebens.*

Die Artikel in Verbindung mit *sein* und *werden*:

Unbestimmter Artikel	Bestimmter Artikel
Es geht um eine **besondere Eigenschaft**	Es geht um eine **spezielle Person**
der Berufsbezeichnung *Er ist* ***ein*** *guter Schauspieler.*	bei der Berufsbezeichnung *Er ist der Schauspieler,* ***der*** *den Romeo gespielt hat.*

der sozialen Stellung	bei der sozialen Stellung
Er ist ***ein*** *kluger König.*	*Es ist* ***der*** *Sonnenkönig.*

Der bestimmte Artikel steht außerdem bei Begriffen, die einmalig sind:

– geografische Eigennamen	*die Alpen, der Bodensee, der Rhein*
– feminine Staatsnamen	*die Türkei, die Schweiz*
– Staatsnamen im Plural	*die USA, die Philippinen*
– alle femininen und maskulinen Landschaftsnamen	*die Lüneburger Heide, der Schwarzwald*
– bekannte Bauwerke	*das Brandenburger Tor, der Eiffelturm*
– Namen für Institutionen	*das Landratsamt, das Rathaus*
– Namen für Persönlichkeiten	*der Papst, die Queen*
– Abstrakte Eigennamen (Epochen, historische Ereignisse)	*der Expressionismus, die Novemberrevolution*

Im Süddeutschen, in Österreich und in der Schweiz steht in der Umgangssprache vor dem Vornamen häufig der bestimmte Artikel.
Der *Luis hat gesagt, dass* ***der*** *Franz krank ist.*

Ohne Artikel

Es steht kein Artikel

– bei Vornamen	*Hans und Franz essen Eis.*
– bei Nachnamen	*Guten Tag, Herr Becker!*
– bei Berufsbezeichnungen	*Er ist Schauspieler.*
– bei Angaben der Nationalität	*Ich bin Deutscher, du bist Franzose.*
– bei Angaben der Religion	*Sie ist Jüdin und er ist Moslem.*

Im Allgemeinen steht auch kein Artikel

– bei nicht zählbaren Gegenständen	*Geh doch bitte Mehl kaufen.*
– bei Abstrakta	*Ich habe Schmerzen.*
– bei den Kontinenten	*Europa ist kleiner als Asien.*
– bei Ländern	*Er kommt aus Schweden.*
– bei Städten	*In Stockholm ist im Sommer viel los.*

– bei Überschriften	*Panik im Tokio-Express*
– oft bei Buchtiteln	*„Krieg und Frieden", „Harry Potter"*
– bei Aufzählungen	*Zu verkaufen: kleines Haus mit 2 Zimmern, Küche, Bad und Garten*
– bei festen Verbindungen aus Substantiv und Verb	*Wäsche waschen ist heute kein Problem mehr.* *Zähne putzen nicht vergessen!*
– oft bei Substantiven in Verbindung mit Präpositionen	*Ich möchte in Ruhe gelassen werden.* *Zu Beginn des Films wird es immer still.*
- bei Wendungen mit *haben, spielen, hören* und *machen*	*Ich habe Zeit.* *Er spielt Gitarre.* *Sie hört gern Musik.* *Das macht Spaß.*

► Kapitel 1, Der Negationsartikel

Leicht gemerkt!

Die Artikel im Überblick:

	m.	f.	n.
Bestimmter Artikel	**der**	**die**	**das**
Unbestimmter Artikel	**ein**	**eine**	**ein**
Negationsartikel	**kein**	**keine**	**kein**

Der bestimmte Artikel bezeichnet etwas Bestimmtes oder Bekanntes, der unbestimmte etwas Allgemeines oder Neues.
Nehmen Sie beim Wörterlernen für jedes Genus Kärtchen in einer anderen Farbe, z. B. blaue Kärtchen für männliche Substantive, rote Kärtchen für weibliche Substantive und weiße für neutrale Substantive.

2 Das Substantiv (Nomen)

Substantive kann man immer gut erkennen, da sie grundsätzlich großgeschrieben werden.

Außerdem haben sie noch drei wichtige Merkmale:

1. das Genus: (das grammatische Geschlecht)

Maskulinum:	*der Löffel*
Femininum:	*die Gabel*
Neutrum:	*das Messer*

Lernen Sie immer das Substantiv mit dem Artikel zusammen, weil man daran das Geschlecht erkennen kann.

2. der Numerus: (die grammatische Zahl)

Singular:	*der Topf*
Plural:	*die Töpfe*

3. der Kasus: (der grammatische Fall)

Der Tee schmeckt. Den Tee mag ich nicht.

Das Substantiv kann also den Kasus wechseln.

Vor den Substantiven können verschiedene Begleiter stehen:

– **Bestimmter und unbestimmter Artikel** ▶ Kapitel 1	***das*** *Haus,* ***ein*** *Haus*
– **andere Artikelwörter** ▶ Kapitel 3	***jeder*** *Mensch,* ***diese*** *Frau,* ***dein*** *Haus*
– **Adjektive** ▶ Kapitel 4	*Das ist ein* ***schöner*** *Herbst.*
– **Zahlwörter** ▶ Kapitel 5	*Es wiegt* ***hundert*** *Gramm.*
– **Partizipien** ▶ Kapitel 6	*Er hat ein* ***gebrauchtes*** *Fahrrad.*

Hinter den Substantiven können Substantive im Genitiv stehen:

Das ist die Geschichte ***der Romanovs.***
Ich kann den Hund ***unserer Nachbarin*** *nicht leiden.*

Ersetzen kann man Substantive durch **Pronomen** ► Kapitel 3.

Substantive bezeichnen:

- **Konkretes**
  Lebewesen — *Menschen, Tiere, Pflanzen*
  das Kind, der Löwe, die Fichte
  Dinge/Sachen — *das Buch, die Tasche, der Strumpf*
- **Abstraktes** — *die Aufregung, der Spaß, die Demokratie*
- **Eigennamen** (Namen für Dinge und Lebewesen, die es nur einmal gibt):
- Personennamen — *Paul, Marie*
- geografische Eigennamen — *Berlin, Rhein, Harz*
- historische Eigennamen — *Französische Revolution, Dreißigjähriger Krieg*

Das Genus des Substantivs

Die deutsche Sprache kennt **drei** grammatische Geschlechter.
Die Artikel ***der, die, das*** machen das Geschlecht deutlich.

Maskulinum (= männlich)		**Neutrum** (= sächlich)		**Femininum** (= weiblich)	
der	Vater	***das***	Kind	***die***	Mutter
der	Hund	***das***	Futter	***die***	Katze
der	Zucker	***das***	Brot	***die***	Wurst

Ohne Artikel ist es oft schwer, das Genus der Substantive zu erkennen. Nur bei Personen ist es leicht, denn sie haben meist ein natürliches Geschlecht.

weibliche Person		männliche Person	
die	Frau	***der***	Mann
die	Mutter	***der***	Vater
die	Tante	***der***	Onkel
die	Großmutter	***der***	Großvater

Und warum ***das Mädchen***? Hier gilt die Regel leider nicht. Sexus (natürliches Geschlecht) und Genus sind leider nicht identisch (Sexus: feminin, Genus: neutral), da das Wort *Mädchen* von der Verkleinerungsform des Wortes *Magd* herstammt. Verkleinerungsformen sind immer Neutrum.

! – Bei der Zuordnung zu einer Gruppe wird manchmal nicht zwischen Mann und Frau unterschieden:
der Mensch, der Gast, das Mitglied
– ebenso bei Abkürzungen mit Endung *-i:*
der Hiwi (Hilfswilliger), der Azubi (Auszubildender)
(umgangssprachlich hört man scherzhaft auch die weibliche Form *Azubine*)
– Das Geschlecht mancher Substantive ist nur am Artikel zu erkennen, weil sich das Wort nicht ändert:
der Schlafende/die Schlafende, der Reisende/die Reisende

– Bei manchen Substantiven wechselt das Genus, weil es regionale Unterschiede gibt:
der/das Bonbon, der/das Mus
▶ Kapitel 10, österreichisches Deutsch

Außer bei den Personen gibt es keine festen Regeln, warum ein bestimmtes Substantiv mit *der, die* oder *das* verbunden ist. Aber es gibt Signale, nämlich die **Wortendungen,** die bei der Genusbestimmung der Substantive helfen.

Typische Wortendungen, an denen man das Genus erkennen kann:

Femininume Wortendungen:	**Femininume Substantive:**
-e	*die Katze, die Erde, die Blume*
-in (typisch bei femininen Berufen o. Ä.)	*die Freundin, die Ärztin, die Läuferin*
-frau (neue Endung für feminine Berufe)	*die Bürokauffrau, die Bankkauffrau*
-ei	*die Schneiderei, die Schweinerei, die Träumerei*
-keit (abgeleitet vom Adjektiv)	*die Süßigkeit, die Müdigkeit, die Herzlichkeit*
-heit	*die Gesundheit, die Krankheit, die Faulheit*
-schaft (typisch bei Kollektivbezeichnungen)	*die Freundschaft, die Brüderschaft, die Gesellschaft*

-ung (abgeleitet vom Verb)	*die Sendung, die Heizung, die Endung*
Fremdwörter auf ***-ät, -ik, -ion, -ie, -ur, -enz***	*die Universität, die Kritik, die Position, die Demokratie, die Kultur, die Existenz*

! Die Namen der Bäume und vieler Blumen sind feminin:
die Tanne, die Eiche, die Rose, die Lilie

neutrale Wortendungen:	**Neutrale Substantive:**
-chen (Verkleinerung)	*das Häuschen, das Mäuschen, das Höschen*
-lein (Verkleinerung)	*das Häuslein, das Mäuslein, das Höslein*
-ment	*das Testament, das Dokument*
-nis	*das Geheimnis, das Gefängnis, das Gleichnis*
-tum	*das Griechentum, das Brauchtum, das Eigentum*
-um	*das Datum, das Museum, das Zentrum*

Außerdem sind **substantivierte Wörter** (das heißt, sie waren vorher keine Substantive) **neutral**:

- Substantivierte Verben im Infinitiv (Grundform):
- Substantivierte Adjektive:

maskuline Wortendungen:	**maskuline Substantive:**
-er	*der Maurer, der Bäcker, der Spieler*
-en	*der Besen, der Rasen, der Ofen*
-m	*der Strom, der Dom, der Film*
-ig	*der Pfennig, der Essig, der Honig*
-ling	*der Zwilling, der Liebling, der Frühling*
Fremdwörter:	
-or	*der Motor, der Katalysator, der Organisator*
-ismus	*der Kapitalismus, der Kollektivismus, der Pessimismus*
-ist	*der Pessimist, der Optimist, der Polizist*

Was ist noch maskulin?

- Die Namen der Jahreszeiten, Monate und Wochentage: *der Sommer, der Winter, der Mai, der Herbst, der Montag, der Freitag*
- die Himmelsrichtungen: *der Norden, der Süden, der Osten, der Westen*
- Wettererscheinungen: *der Regen, der Schnee, der Nebel, der Frost*
- Automarken: *der Skoda, der Volvo, der BMW*
- Substantivierte Verben ohne Endung: *der Gang, der Verlust*; aber: *die Fahrt*

Der Numerus

Substantive haben in der Regel einen Singular und einen Plural.
Singular ist die grammatische Einzahl *(das Buch)*.
Plural ist die grammatische Mehrzahl *(die Bücher)*.

Der Singular

Singular bedeutet Einzahl. Im Singular kommen die Substantive in den drei Genera (Femininum, Maskulinum, Neutrum) vor.

Manche Wörter gibt es **nur im Singular**, weil man sie **nicht zählen** kann.

– Abstrakta:	*die Geduld, der Fleiß, der Mut*
– Stoffnamen aus der Natur:	*das Gold, der Granit, der Sauerstoff*
– im Zusammenhang mit dem Wetter:	*der Schnee, der Regen, der Nebel*
– tierische und pflanzliche Produkte:	*das Heu, die Milch, das Leder*
– Kollektiva (Sammelnamen): für Dinge:	*das Geschirr, das Gepäck, das Besteck*
für Personengruppen:	*die Verwandtschaft, der Adel, das Publikum*
für Tiere und Pflanzen:	*das Wild, das Getreide, das Obst*
– Substantivierte Infinitive:	*das Gehen, das Laufen, das Lernen*
– Mengen und Maße:	*500 Gramm Salami, 2 Meter Stoff*

Im Deutschen gibt es sehr viele **Komposita.** Sie bestehen aus Bestimmungswort + Hauptwort. Das Kompositum trägt dann den Artikel des Hauptwortes. ► Kapitel 7, Komposita

Der Plural

Plural bedeutet Mehrzahl. Das Geschlecht spielt hierbei keine Rolle. Der Artikel heißt für alle Substantive *die*.

Es gibt 5 Typen der Pluralbildung:

	Singular	Plural	
Typ 1: **-*e*** (oft mit Umlaut)	*der Schirm*	*die Schirm**e***	(viele) einsilbige Substantive
	der Frosch	*die Fr**ö**sch**e***	
	das Fest	*die Fest**e***	
	die Luft	*die L**ü**ft**e***	(alle Feminina mit Umlaut!)
	die Braut	*die Br**ä**ut**e***	
	das Gedicht	*die Gedicht**e***	Präfix + Neutra
	das Verbot	*die Verbot**e***	
	der Kommissar	*die Kommissar**e***	mehrsilbige Maskulina
	der Salat	*die Salat**e***	
	der Schmetter-ling	*die Schmetterling**e***	Maskulina mit *-ling*
! +s	*das Geheimnis*	*die Geheimni**sse***	Neutra mit *-nis*

Typ 2: ***-n, -en***			viele Feminina (auch feminine Fremd-wörter)
-n	*die Seife*	*die Seife**n***	bei Wortendung auf Vokal
	die Feder	*die Feder**n***	oder auf *-er*
	die Regel	*die Regel**n***	oder auf *-el*
	der Junge	*die Junge**n***	Maskulina auf *-e*
-en	*die Tat*	*die Tat**en***	bei Wortendung auf Konsonant
	die Tischlerei	*die Tischlerei**en***	oder auf *-ei*
	die Frau	*die Frau**en***	oder auf *-au*
! + *n*	*die Freundin*	*die Freundin**nen***	oder auf *-in*

Typ 3: – (endungslos)	*der Tunnel*	*die Tunnel*	häufig Maskulina auf *-el*
	der Mantel	*die M**ä**ntel*	*-el* mit Umlaut
	der Vater	*die V**ä**ter*	*-er* mit Umlaut
	der Ofen	*die **Ö**fen*	*-en* mit Umlaut
	das Mittel	*die Mittel*	Neutra auf *-el*
	das Leben	*die Leben*	auf *-en*
	das Wunder	*die Wunder*	auf *-er*
	das Mäuschen	*die Mäuschen*	Diminutive mit *-chen*
	das Häuslein	*die Häuslein*	oder *-lein*

Typ 4: *-er*	*das Feld*	*die Feld**er***	einsilbige Neutra
	das Holz	*die H**ö**lz**er***	Neutra mit Umlaut
	der Mann	*die M**ä**nn**er***	einige Maskulina mit Umlaut
	der Mund	*die M**ü**nd**er***	

Typ 5: *-s*	*das Taxi*	*die Taxi**s***	bei vielen Fremdwörtern, die auf Vokal enden (außer *-e*)

! Bei diesen Fremdwörtern steht im Plural ***-en:***

die Firma — *die Firm**en***
der Atlas — *die Atlant**en***
die Praxis — *die Prax**en***
das Museum — *die Muse**en***
der Kaktus — *die Kakte**en***
der Globus — *die Glob**en***

Bei manchen Substantiven bleiben die **fremden Pluralendungen** erhalten:

das Lexikon — *die Lexik**a***
das Praktikum — *die Praktik**a***

Manche Substantive gibt es **nur im Plural**. Diese Wörter fassen Konkreta oder Abstrakta auf spezielle Weise zu Gruppen zusammen.

- Geografische Bezeichnungen: *die Alpen, die Antillen, die USA*
- Personengruppen: *die Eltern, die Geschwister, die Leute*
- Zeitabschnitte: *die Ferien, Flitterwochen*
- Kollektiva aus dem Handel: *Lebensmittel, Spirituosen, Textilien*
- außerdem: *die Finanzen, die Personalien, die Papiere*

Lernen Sie die Substantive am besten gleich mit Artikel, Singular- und Pluralform.

Die Kasus

Das Substantiv steht im Satz in Beziehung zu anderen Wörtern. Diese Beziehung wird durch die vier Kasus ausgedrückt, die das Substantiv und den dazugehörigen Artikel verändern. Das nennt man die **Deklination** des Substantivs.

Man erkennt die Kasus mit Hilfe der folgenden Fragewörter:

der Nominativ	***Wer?*** (für Personen) oder ***Was?*** (für Sachen)
der Akkusativ	***Wen?*** (für Personen) oder ***Was?*** (für Sachen)
der Dativ	***Wem?***
der Genitiv	***Wessen?***

Der Inspektor des Kommissariats hat den Dieb dem Gericht übergeben.

– ***Wer*** *hat den Dieb dem Gericht übergeben?* ***Der*** *Inspektor.*
(Nominativ)

– ***Wen*** *hat der Inspektor dem Gericht übergeben?* ***Den*** *Dieb.*
(Akkusativ)

– ***Wem*** *wurde der Dieb übergeben?* ***Dem*** *Gericht.*
(Dativ)

– ***Wessen*** *Inspektor war das? Der Inspektor* ***des*** *Kommissariats.*
(Genitiv)

Wie sich Artikel und Substantiv durch den Kasus verändern, zeigt der nächste Punkt.

Typen der Deklination im Singular

Der Artikel zeigt Genus und Kasus des Substantivs. Das Substantiv selbst hat nur wenige Endungen.

Typ 1:

Hierzu gehören die meisten Maskulina und alle Neutra (bis auf ***Herz***). Ihr Merkmal ist die Genitivendung *-**s**, -**es***

Manchmal steht auch im Dativ die Endung **-e**. *(Im Grund***e** *genommen ist es gar nicht so schwer.)*

Kasus	Maskulinum	Neutrum	Beispielsatz
Nominativ	*der/ein Maler*	*das/ein Bild*	*Der Maler malt ein Bild. Das Bild ist schön.*
Akkusativ	*den/einen Maler*	*das/ein Bild*	*Die Landschaft hat den Maler inspiriert, das Bild zu malen.*
Dativ	*dem /einem Maler*	*dem/einem Bild(***e***)*	*Dem Maler gefielen die Blumen auf dem Bild von van Gogh.*
Genitiv	*des/eines Maler***s**	*des Bild***es/** *eines Bild***es**	*Eines der Bilder des Malers hängt in der Galerie.*

Typ 2 = n-Deklination:

Substantive der n-Deklination sind leicht zu erkennen. Es sind:

- **Maskuline Lebewesen**, die auf **-e** enden: *der Löwe, der Rabe, der Junge, der Kunde*
- **Nationalitäten** mit der Endung **-e**: *der Russe, der Ire, der Türke, der Deutsche*
- ein paar **weitere Maskulina**, die ebenfalls meist Lebewesen bezeichnen: *der Bär, der Bauer, der Nachbar*
- **Fremdwörter** als maskuline Berufsbezeichnung, die auf ***-ant, -ent, -ist, -at, -oge, -graf*** enden: *der Laborant, der Assistent, der Internist, der Advokat, der Pädagoge, der Fotograf*

Kasus	Maskulinum	Beispielsatz
Nominativ	*der/ein Affe*	*Der Affe klettert auf den Baum.*
Akkusativ	*den/einen Affe***n**	*Dort streichelt er einen anderen Affen.*
Dativ	*dem/einem Affe***n**	*Dem Affen gefällt das.*
Genitiv	*des/eines Affe***n**	*Die Hände des Affen sind geschickt.*

! Typ 2 hat außer im Nominativ immer die Endung ***-(e)n.*** Achten Sie auf folgende Ausnahme: der Plural zu *ein Deutscher* lautet *Deutsche* (ohne **-n**) im Gegensatz zu *Russe***n**, *Ire***n** etc.

Typ 2.1:

Hierzu gehören einige maskuline Abstrakta mit der Endung ***-e*****:** ***Name, Buchstabe, Wille*** usw. und nur **ein** Neutrum, nämlich ***Herz.***

Kasus	Maskulinum	Neutrum
Nominativ	*der/ein Gedanke*	*das/ein Herz*
Akkusativ	*den/einen Gedanke**n***	*das/ein Herz*
Dativ	*dem/einem Gedanke**n***	*dem/einem Herz**en***
Genitiv	*des/eines Gedanke**ns***	*des/eines Herz**ens***

! Typ 2.1 wird wie Typ 2 gebildet, hat aber im Genitiv zusätzlich ein ***-s.***

Typ 3: Feminina

Hierzu gehören alle Feminina. Sie sind **endungslos.**

Kasus	Femininum	Beispielsatz
Nominativ	*die/eine Suppe*	*Die Suppe war salzig.*
Akkusativ	*die/eine Suppe*	*Der Gast mochte die Suppe nicht.*
Dativ	*der/einer Suppe*	*Der Suppe sah man es nicht an.*
Genitiv	*der/einer Suppe*	*Die Köchin der Suppe war nämlich verliebt.*

Bildung des Genitivs

Der Genitiv spielt im Deutschen eine kleinere Rolle als die anderen Kasus. Da er aber einige Besonderheiten hat, sind sie hier aufgeführt.

1. keine Endungen:

- bei den meisten **femininen** Substantiven: *Das ist der Ring der Frau.*
- bei Eigennamen mit Artikel: *Die Familie des Bertolt Brecht wusste, dass er gern rauchte.*

2. Endung -es:

- bei **maskulinen** und **neutralen** Substantiven:
- **einsilbige:** *Am Ende des Tag**es** schmeckt ein gutes Glas Wein.*
- mit **betonter Endsilbe:** *Aufgrund seines Erfolg**es** wurde er Chef.*

- Substantivendung auf ***-s, -ß*, -sch, st, *-z, -x*:** *Am Rande des Glas**es** saß eine Fliege.*
- **aber**: bei Personennamen auf ***-s, -ß***, und ***-x*** steht ein **Apostroph:** *Ma**x'** Brille ist kaputt. Thoma**s'** Brille sieht aber auch nicht besser aus.*

3. Endung -s:

- **mehrsilbig**: *An seinem Geburtstag tranken sie des Morgen**s** schon Sekt.*
- meist bei Substantivendung auf **Vokal:** *Der Geruch des Kaffee**s** macht Appetit.*
- **Eigennamen ohne Artikel**:
- Personennamen: *Vater**s** Wunsch ist eine Reise in die Hauptstadt.*
- geografische Eigennamen: *Im Zentrum Berlin**s** will er sich die Museen anschauen.*

4. Endung -(e)n

- **Maskuline** Substantive, die **Lebewesen** bezeichnen und den Plural auf ***-en*** bilden: *Die Höhle des Bär**en** ist im Wald.*
- Substantive, die **aus Adjektiven gebildet** wurden: *Die Blumen des Bös**en** sind in der Literatur bekannt.*

Vor allem in der mündlichen Sprache ersetzen *von* + Dativ oft den Genitiv. *(Valerias Eltern = die Eltern von Valeria; Peters Frau = die Frau von Peter; Stuttgarts Bürgermeister = der Bürgermeister von Stuttgart)*

Die Deklination im Plural

Bei der Deklination im Plural gibt es verschiedene Typen. Sie richten sich wiederum nach den Wortendungen im Singular.

Kasus	**Typ 1: *-e***	**Typ 2: *-(e)n***	**Typ 3: (endungslos)**	**Typ 4: *-er***	**Typ 5: *-s***
Nominativ	*die Fische*	*die Flaschen*	*die Flügel*	*die Kinder*	*die Büros*
Akkusativ	*die Fische*	*die Flaschen*	*die Flügel*	*die Kinder*	*die Büros*
Dativ	*den Fische**n***	*den Flaschen*	*den Flügel**n***	*den Kinder**n***	*den Büros*
Genitiv	*der Fische*	*der Flaschen*	*der Flügel*	*der Kinder*	*der Büros*

! Im Plural bleiben die Substantive außer im Dativ unverändert. Der Dativ Plural endet immer auf ***-n***. Nur Typ 5 hat in allen Fällen die Pluralendung **-s**.

Im Deutschen ist die Deklination der Substantive wichtig. Achten Sie daher auf Genus, Numerus und Kasus, da sich die Formen häufig ändern können, z. B. *ein lustige**r** Affe, ein**en** lustige**n** Affe**n**, ein**em** lustige**n** Affe**n**, ein**es** lustige**n** Affe**ns***.

Leicht gemerkt!

Das Wichtigste zum **Genus:**
Drei Genera mit entsprechendem Artikel:
Maskulinum – ***der*** *Strand*
Femininum – ***die*** *Welle*
Neutrum – ***das*** *Meer*
Die **Wortendungen** können häufig helfen, das Genus zu bestimmen, z. B. **-ling** = Maskulinum, **-keit** = Femininum, **-chen** = Neutrum

Das Wichtigste zum **Numerus:**
Singular und **Plural**
Fünf Typen bei der Pluralbildung:
-e **-n, -en** **-** (ohne Endung) **-er** **-s**
Artikel im **Plural** immer ***die***!

Das Wichtigste zum **Kasus:**
Mit Fragewörtern Kasus erkennen:
Nominativ: Wer?/Was?
Akkusativ: Wen?/Was?
Dativ: Wem?
Genitiv: Wessen?

Deklinationstyp 1:	alle Neutra, die meisten Maskulina
Deklinationstyp 2:	Maskuline Lebewesen auf **-e**, Nationalitäten ...
Deklinationstyp 2.1:	Maskuline Abstrakta auf **-e**
Deklinationstyp 3:	alle Feminina

Ganz einfach ist das Genus bei zusammengesetzten Substantiven: das Genus des zweiten Teilworts bestimmt das Genus des gesamten Substantivs, z. B. ***die*** *Armband**uhr***, ***die*** *Kirchturm**uhr***, ***die*** *Kuckucks**uhr*** etc.

3 Die Pronomen

Pronomen stehen entweder anstelle eines Substantivs oder begleiten dieses und bestimmen es näher. Hier wird zwischen **Begleiter** und **Stellvertreter** unterschieden, wobei der Begleiter in die Gruppe der Artikelwörter gehört (z. B. Possessiv**artikel**: *Das ist **mein** Bruder.*) und der Stellvertreter in die Gruppe der „echten" Pronomen (im Sinne des „Für-Wortes", z. B. Possessiv**pronomen**: *Das ist **meiner**.*) Im Text benutzt man sie häufig, um Wiederholungen zu vermeiden.

Als Begleiter eines Substantivs stehen sie wie die Artikel vor dem Substantiv, zu dem sie gehören.

Die Frau arbeitet in der Schule.

***Seine** Frau arbeitet in der Schule.*

Sie können aber auch als Stellvertreter ein Substantiv oder eine Wortgruppe ersetzen.

***Sie** arbeitet in der Schule.*

Zu den Pronomen gehören:

Die Personalpronomen	***ich** wasche heute*
Die Reflexivpronomen	*ich wasche **mich***
Die Possessivpronomen	***mein** Waschlappen*
Die Demonstrativpronomen	***dieser** Waschlappen*
Die Relativpronomen	*die Seife, **die** ich brauche ...*
Die Interrogativpronomen	***Welche** Seife?*

Genus des Pronomens: Es hängt vom Substantiv ab, das begleitet oder ersetzt wird.

***seine** Frau, **ihr** Mann*

Numerus: Pronomen können im Singular und Plural stehen.

***mein** Auto, **meine** Autos*

Kasus: Pronomen treten im Nominativ, Genitiv, Dativ und Akkusativ auf.

*Mutter fährt mit **meinem** Auto. Das hier ist das Auto **meiner** Tante.*

Wenn Pronomen Substantive begleiten, richten sie sich immer in Numerus, Genus und Kasus nach dem Substantiv, vor dem sie stehen.

*Klaus trägt **seinen Koffer**.*

Numerus: Pronomen und Substantiv stehen im Singular.
Genus: Pronomen und Substantiv sind maskulin.
Kasus: Pronomen und Substantiv stehen im Akkusativ.

Wenn Pronomen Substantive oder Wortgruppen vertreten, beziehen sie sich meist auf ein Substantiv oder eine Wortgruppe des Satzes davor und stehen dann im gleichen Numerus und Genus.

*Er hat **seinen Koffer** in der Hand. Er trägt **ihn** zum Bahnhof.*

Numerus: *ihn* und ***sein Koffer*** stehen in der 3. Person Singular.
Genus: *ihn* und ***sein Koffer*** sind maskulin.

Die Personalpronomen

Das Personalpronomen ersetzt Personen, Personengruppen oder Sachen.
Im Singular und Plural gibt es jeweils drei Personalpronomen.

Singular	
1. Person :	*ich* – der Sprecher
2. Person:	*du* – eine Person wird angesprochen
3. Person:	*er/sie/es* – es wird über eine Person oder Sache gesprochen

! Die 3. Person Singular richtet sich nach dem Genus des Substantivs.

Plural	
1. Person:	*wir* – eine Personengruppe spricht über sich
2. Person:	*ihr* – eine Personengruppe wird angesprochen
3. Person:	*sie* – über eine Personengruppe oder Sachen wird gesprochen
	Sie – bei einer höflichen Anrede

Die Deklination der Personalpronomen

Singular	1. Person	2. Person	3. Person		
			Maskulinum	**Femininum**	**Neutrum**
Nominativ	*ich*	*du*	*er*	*sie*	*es*
Akkusativ	*mich*	*dich*	*ihn*	*sie*	*es*
Dativ	*mir*	*dir*	*ihm*	*ihr*	*ihm*
Genitiv	*meiner*	*deiner*	*seiner*	*ihrer*	*seiner*

Plural	1. Person	2. Person	3.Person	Höflichkeitsform
Nominativ	*wir*	*ihr*	*sie*	*Sie*
Akkusativ	*uns*	*euch*	*sie*	*Sie*
Dativ	*uns*	*euch*	*ihnen*	*Ihnen*
Genitiv	*unser*	*euer*	*ihrer*	*Ihrer*

! Die höfliche Anrede schreibt man immer groß.

Die Anrede

Oft ist es schwierig zu entscheiden, wann ***du*** und wann ***Sie*** benutzt wird. Es gibt dafür keine festen Regeln, aber Hilfestellungen.

du *Ich freue mich, dass du kommst.*

- schafft eine persönliche Atmosphäre.
- Deshalb benutzt man es in der Familie, bei der Anrede von **Kindern, Verwandten** und **Freunden**.
- **Arbeitskollegen** duzen sich auch oft, wenn sie sich gut verstehen.

Sie *Ich freue mich, dass Sie kommen.*

- ist höflich gemeint und schafft Distanz.
- Man verwendet es bei der Anrede von **Fremden**, gegenüber **Chefs** und in allen **Institutionen**.
- Gegenüber **Älteren** benutzt man ebenfalls das höfliche ***Sie***.

Im Zweifelsfall benutzt man erst einmal das ***Sie*** und wartet, wie der Gesprächspartner reagiert.

Der Gebrauch des Pronomens *es*

Es ist ein wichtiges Wörtchen im Deutschen und hat verschiedene Funktionen im Satz:

***es* als Pronomen**	*Wie war das Konzert?* ***Es*** *war teuer.*
es ersetzt ein Adjektiv (***es*** ist unbetont und kann nicht an erster Stelle im Satz stehen.)	*Das Konzert war* ***teuer****. Die CD war* ***es*** *zum Glück nicht.*
es ersetzt einen Teilsatz	*Wann fängt die Vorstellung an? Ich weiß* ***es*** *nicht.*
***es* als formales Subjekt** (wenn kein anderes im Satz steht)	
bei Wetterbezeichnungen	***es*** *regnet,* ***es*** *schneit …*
bei Bezeichnungen für Geräusche	***es*** *klopft,* ***es*** *rauscht …*
bei Zeitangaben	***Es*** *ist Mittag, Nacht* ***es*** *ist zwölf Uhr, …*
in festen Wortwendungen	*Wie geht* ***es*** *Ihnen heute?,* ***Es*** *war einmal vor langer, langer Zeit …*
(***es*** ist unbetont und kann an erster Stelle oder direkt nach dem Verb stehen.)	***Es*** *riecht gut beim Bäcker.* ***Es*** *schmeckt gut. Gut riecht* ***es*** *hier.*
es* als Platzhalter** (Es*** steht an erster Stelle vor dem Verb. ***Es*** verschwindet, wenn ein anderes Element auf Pos. 1 steht.)	***Es*** *kamen viele Leute in die Ausstellung. In die Ausstellung kamen viele Leute.*

Das Reflexivpronomen

Das Reflexivpronomen bezieht sich immer auf das Subjekt des Satzes. *Ich habe Schmerzen,* bedeutet, ***mir*** *tut etwas weh.*
Und wenn Karl Schmerzen hat, *tut* ***ihm*** *etwas weh.*

Echte und unechte Reflexivpronomen

Wenn das Reflexivpronomen direkt zum Verb gehört, ist es ein echtes Reflexivpronomen.

Ich wundere mich. (*ich wundere* kann nicht alleine stehen)

Wenn das Reflexivpronomen nur eine Ergänzung zum Verb ist, spricht man von einem unechten Reflexivpronomen. Das Verb kann also auch alleine stehen.

Ich male mich. aber auch: ***Ich male.***

Die Deklination der Reflexivpronomen

Das Reflexivpronomen wird nur im Dativ und Akkusativ gebraucht.

Dativ	Akkusativ
*Ich kaufe **mir** ein Auto.*	*Ich dusche **mich** jeden Morgen.*
*Du kaufst **dir** ein Fahrrad.*	*Du duschst **dich** jeden Abend.*
*Er/sie/es kauft **sich** ein Boot.*	*Er/sie/es duscht **sich** nicht gern.*
*Wir kaufen **uns** ein Boot.*	*Wir duschen **uns** häufig.*
*Ihr kauft **euch** einen alten Ford.*	*Ihr duscht **euch** selten.*
*Sie kaufen **sich** gar nichts.*	*Sie duschen **sich** gar nicht.*
*Und was möchten Sie **sich** kaufen?*	*Duschen Sie **sich** gern kalt?*

	Dativ	Akkusativ
ich	*mir*	*mich*
du	*dir*	*dich*
er, sie, es	***sich***	***sich***
wir	*uns*	*uns*
ihr	*euch*	*euch*
sie	***sich***	***sich***

! Die Deklination der Personal- und Reflexivpronomen ist identisch, bis auf die 3. Person Singular und Plural: **sich**.

Das reziproke Pronomen

Von einem **reziproken Pronomen** spricht man, wenn die Wechselbeziehung zwischen mehreren Personen oder Sachen zueinander ausgedrückt werden soll.

Die beiden alten Frauen stützen sich gegenseitig.
Sie helfen sich.

Das reziproke Pronomen in Verbindung mit Präpositionen bildet man mit
-einander.

Die Kinder spielen miteinander.
Die Bücher lagen übereinander.
Sie haben zueinander gefunden.

Leicht gemerkt!

Wie bei den Substantiven ist bei den Pronomen vor allem der Kasus wichtig: *ich, mich, mir, meiner, du, dich, dir, deiner, ...*

Suchen Sie Verben, deren Objekte in verschiedenen Kasus stehen, und bilden Sie damit Sätze mit Pronomen, z. B. *Ich sehe* ***dich*** *heute Abend. Ich gratuliere* ***dir*** *zum Geburtstag. Wir sehen* ***uns*** *am Bahnhof.*

Das Possessivpronomen

Das Possessivpronomen zeigt den Besitz an: *Dort steht* ***mein*** *Haus.*
... oder eine Zugehörigkeit: *Und da ist* ***meine*** *Familie.*

Zu jedem Personalpronomen gibt es ein passendes Possessivpronomen.

Personalpronomen	Possessivpronomen	Beispielsatz
ich	*mein*	***Ich*** *habe* ***mein*** *Geld verloren.*
du	*dein*	***Du*** *hast* ***dein*** *Geld auf der Bank.*
er	*sein*	***Er*** *hat* ***sein*** *Geld verschenkt.*
sie	*ihr*	***Sie*** *hat* ***ihr*** *Geld investiert.*
es	*sein*	***Es*** *(das Kind) hat* ***sein*** *Geld versteckt.*
wir	*unser*	***Wir*** *wollen* ***unser*** *Geld wiederhaben.*
ihr	*euer*	***Ihr*** *wollt* ***eure*** *Aktien verkaufen?*
sie	*ihr*	***Sie*** *wollen* ***ihr*** *Geld jetzt an der Börse anlegen.*
Sie	*Ihr*	*Wollen* ***Sie*** *mit* ***Ihrem*** *Geld spekulieren?*

! Personal- und Possessivpronomen stimmen in Person und Numerus überein. Außerdem gibt es in der 3. Person Singular eine Übereinstimmung im Genus.

Beispiel: *Das Futter* ***meines Hundes*** *steht unten im Regal.*
Der Begleiter und sein Substantiv stimmen überein in:
Numerus: Singular *mein + Hund*
Genus: maskulin *mein + der Hund*
Kasus: Genitiv *meines + Hundes*

Wenn man schon weiß, wer oder was gemeint ist, benutzt man in der Umgangssprache den Stellvertreter.

Besitz	**Stellvertreter für den Besitz**
Singular	
Der Hund *ist sehr zutraulich.*	*Das ist mein**er**.*
Die Katze *läuft mir nach.*	*Das ist mein**e**.*
Das Pferd *ist sehr gepflegt.*	*Das ist mein**(e)s**.*
Plural	
*Wem gehören **die Vögel**?*	*Das sind mein**e**.*

! Der Stellvertreter stimmt mit dem *Besitz* in Numerus und Genus überein.

Die Deklination des Possessivpronomens

Das Possessivpronomen als **Begleiter** wird wie **kein** dekliniert.

*Ich habe den Ring an **meiner** linken Hand.*

Singular	**Maskulinum**	**Femininum**	**Neutrum**
Nominativ	*mein Arm*	*mein**e** Hand*	*mein Gesicht*
Akkusativ	*mein**en** Arm*	*mein**e** Hand*	*mein Gesicht*
Dativ	*mein**em** Arm*	*mein**er** Hand*	*mein**em** Gesicht*
Genitiv	*mein**es** Armes*	*mein**er** Hand*	*mein**es** Gesichtes*

Plural	
Nominativ	*mein**e** Beine*
Akkusativ	*mein**e** Beine*
Dativ	*mein**en** Beinen*
Genitiv	*mein**er** Beine*

! Die anderen Possessivpronomen werden genauso dekliniert.

Als **Stellvertreter** wird das Possessivpronomen wie ein bestimmter Artikel dekliniert.

*Das ist **meiner.** (mein Ring)*

Singular	**Maskulinum** *(der Ring)*	**Femininum** *(die Kette)*	**Neutrum** *(das Armband)*
Nominativ	*mein**er***	*mein**e***	*mein**(e)s****
Akkusativ	*mein**en***	*mein**e***	*mein**(e)s****
Dativ	*mein**em***	*mein**er***	*mein**em***
Genitiv	*mein**es***	*mein**es***	*mein**er***

Plural	
Nominativ	*mein**e***
Akkusativ	*mein**e***
Dativ	*mein**en***
Genitiv	*mein**er***

* In der Endsilbe kann in der Umgangssprache das **-e** ausfallen.

! Bei ***unser*** und ***euer*** kann das ***e*** in der Endsilbe in folgenden Fällen wegfallen:

Singular	***unser***	***euer***
Maskulinum	***unser*** *Hund*	***euer*** *Hund*
Femininum	*uns**(e)re*** *Schildkröte*	*eu**(e)re*** *Schildkröte*
Plural	*uns**(e)re*** *Kaninchen*	*eu**(e)re*** *Kaninchen*

Das Demonstrativpronomen

Die Demonstrativpronomen zeigen auf etwas oder geben einen Hinweis.

*Sie müssen in **diese** Richtung gehen.*

Sie können auch auf etwas schon Gesagtes weisen.

*Welches Kleid gefällt Ihnen? – Ich nehme **dieses**.*

der, die, das – *Ich nehme das hier.*
Sie werden hier nicht als Artikel, sondern als Demonstrativpronomen gebraucht. In dieser Funktion werden sie stärker betont.

*Das Hemd gefällt mir. – **Das** habe ich selbst genäht.*

Begleiter	**Stellvertreter**
Der Wein *schmeckt mir gut.*	***Den*** *kaufe ich immer in Frankreich.*

! In der Umgangssprache wird häufig ***das*** benutzt:
*Ich bin umgezogen. – **Das** habe ich noch gar nicht gewusst.*
*Ich habe einen kleinen Bruder. – **Das** glaube ich dir nicht.*

Der Begleiter wird wie der bestimmte Artikel dekliniert. ► Kapitel 1

Der Stellvertreter wird bis auf den Genitiv wie der bestimmte Artikel dekliniert.

	Maskulinum	Femininum	Neutrum	Plural
Singular	*dessen*	*deren*	*dessen*	*deren/derer*

Der Genitiv wird so selten gebraucht, dass man ihn nicht unbedingt lernen muss.

dieses, jenes – *Wir haben über **dieses** und **jenes** gesprochen.*
Sie machen auf einen Unterschied zwischen ganz bestimmten Dingen oder Personen aufmerksam.

Begleiter
***Diese** Wurst schmeckt gut.*

Stellvertreter
*Von **dieser** möchte ich gern 50 Gramm.*

Dieser und ***jener*** werden oft als Paar verwendet.
*Wir haben über **dieses** und **jenes** gesprochen.*

Die Unterschiede zwischen Personen und Dingen werden nacheinander aufgezählt.
Wir sind mit zwei Familien befreundet.

zuerst gesagt
***Diese** Familie kommt aus Berlin.*

danach gesagt
***Jene** Familie kommt aus Weimar.*

oder:
***Diese** kommt aus Berlin.* ***Jene** aus Weimar.*

! ***Dieser*** und ***jener*** haben als Begleiter und Stellvertreter die gleiche Deklination. Sie werden wie der bestimmte Artikel dekliniert:

Singular	Maskulinum	Femininum	Neutum
Nominativ	*dies**er** Raum*	*dies**e** Tür*	*dies**es** Fenster*
Akkusativ	*dies**en** Raum*	*dies**e** Tür*	*dies**es** Fenster*
Dativ	*dies**em** Raum*	*dies**er** Tür*	*dies**em** Fenster*
Genitiv	*dies**es** Raumes*	*dies**er** Tür*	*dies**es** Fensters*

Plural	
Nominativ	*diese Räume*
Akkusativ	*diese Räume*
Dativ	*diesen Räumen*
Genitiv	*dieser Räume*

Die Kurzform von ***dieses*** als Stellvertreter ist ***dies***.
Dies *musst du dir merken!*

Zusammengesetzte Demonstrativpronomen

derselbe, dieselbe, dasselbe – *Ich habe* ***dasselbe*** *Gefühl wie du.*

Diese Demonstrativpronomen drücken eine Identität aus. Sie werden mit dem **bestimmten Artikel** und ***selb(st)*** gebildet.

Begleiter
Du hörst immer ***dieselbe CD.***

Stellvertreter
Das stimmt nicht. Es ist nicht ***dieselbe.***

Beide Teile des Pronomens müssen dekliniert werden.
Die Deklination ist für den Begleiter und Stellvertreter gleich.

Singular	Maskulinum	Femininum	Neutrum
Nominativ	*derselbe Schuh*	*dieselbe Sandale*	*dasselbe Paar*
Akkusativ	*denselben Schuh*	*dieselbe Sandale*	*dasselbe Paar*
Dativ	*demselben Schuh*	*derselben Sandale*	*demselben Paar*
Genitiv	*desselben Schuhes*	*derselben Sandale*	*desselben Paar(e)s*
Plural			
Nominativ	*dieselben Schuhe*		
Akkusativ	*dieselben Schuhe*		
Dativ	*denselben Schuhen*		
Genitiv	*derselben Schuhe*		

Unterschied zwischen ***dasselbe*** und ***das gleiche:***
dasselbe = identisch, gibt es nur einmal
das gleiche = zwei unterschiedliche Dinge gleichen sich völlig
Dasselbe *Kleid hattest du doch gestern schon an!* (genau dieses)
Ich habe mir ***das gleiche*** *Kleid gekauft.* (es sieht ganz genau so aus)

derjenige, diejenige, dasjenige – *Derjenige, der Deutsch lernen will, besucht einen Kurs.*

Diese Pronomen verweisen auf einen nachfolgenden Nebensatz. Sie werden mit dem **bestimmten Artikel** und ***-jenig*** gebildet.

Begleiter	Stellvertreter
***Diejenigen Eltern**, die beim Renovieren der Schule helfen wollen, treffen sich um 8 Uhr.*	***Diejenigen**, die nicht helfen, können Geld spenden.*

! Begleiter und Stellvertreter werden wie *derselbe/dieselbe/dasselbe* dekliniert.

solcher, solche, solches – *Ich will barfuß im Schnee laufen. – **Solche** verrückten Ideen kannst nur du haben.*

Diese Pronomen beziehen sich auf etwas vorher Genanntes und haben die Bedeutung von: ***so einer, so eine, so eines***.

Begleiter	Stellvertreter
Das ist aber schmutzige Wäsche. ***Solche Wäsche** kommt sofort in die Waschmaschine.*	***Solche** kommt sofort in die Waschmaschine.*

! **Solcher** wird wie ***dieser*** dekliniert.

! Im Genitiv Maskulinum und Neutrum kann statt ***-es*** ein ***-en*** stehen, wenn nach dem Pronomen ein Substantiv mit Endung ***-(e)s*** folgt.

Maskulinum	Femininum	Neutrum
*solch**es** Rat(e)s*	*solch**er** Methode*	*solch**es** Glück(e)s*
*solch**en** Rat(e)s*		*solch**en** Glück(e)s*

In der Umgangssprache wird das ***e*** beim Substantiv oft weggelassen.

solch (ohne Endung) – *Solch ein Pech!*

In diesem Fall steht ***solch*** in Verbindung mit ***ein***.
Solch verändert sich nicht, nur der unbestimmte Artikel:
***solch** ein netter Mensch, **solch eine** nette Frau, **solch** ein nettes Kind.*

! ***Solch*** klingt manchmal etwas literarisch oder altertümlich. Viel häufiger benutzt man dann einfach das Wörtchen ***so***: ***So** ein netter Mensch!*

Die Relativ- und Interrogativpronomen

Die Zeitung, ***die*** *am Samstag erscheint, hat einen interessanten Reiseteil.*
Was für eine *Zeitung meinst du?*

der, die, das
welcher, welche, welches
wer, was
was für ein

Diese Pronomen beziehen sich auf etwas, das bereits erwähnt wurde. Sie leiten Relativsätze ein.
Der Mann*, mit* ***dem*** *ich gesprochen habe, will die Wohnung vermieten.*

Genus und Numerus hängen von dem Wort ab, auf das sie sich beziehen.
der Mann, dem: Singular, maskulin
Der Kasus hängt dagegen vom Verb oder einer Präposition ab.
der Mann: Nominativ; ***dem:*** Dativ (wegen der Präposition **mit**)
▶ Kapitel 8

der, die, das – *Der Mann, der zu viel wusste.*

Dies sind häufig benutzte Relativpronomen.
Ein Mann, der *Langeweile hatte, lernte plötzlich die deutsche Grammatik.* ***Seine Frau, die*** *das sah, lernt jetzt auch.* ***Ihr Kind, das*** *die Grammatik schon kann, ist froh.*

! Das Pronomen wird wie *der, die, das* als **Demonstrativpronomen** dekliniert.

	Singular			**Plural**
	Maskulinum	**Femininum**	**Neutrum**	
Nominativ	*der*	*die*	*das*	*die*
Akkusativ	*den*	*die*	*das*	*die*
Dativ	*dem*	*der*	*dem*	*denen*
Genitiv	*dessen*	*deren*	*dessen*	*deren*

welcher, welche, welches – *Welches Bier?*

Dieses Pronomen kommt als Relativ- und Interrogativpronomen vor.

Relativpronomen
Welcher, welche, welches als Relativpronomen wird seltener als *der, die, das* benutzt und ist eher Teil der Schriftsprache.

*Ein Mann, **welcher** Langweile hatte, spielt jetzt Schach.*

Interrogativpronomen
Welcher, welche, welches als Interrogativpronomen bezieht sich auf ein Substantiv und leitet eine Ergänzungsfrage ein. ▶ Kapitel 9, Der Fragesatz

***Welches** Hemd soll ich anziehen?*

! Es wird wie *der, die, das* als **Relativpronomen** dekliniert.

wer, was – *Was ist los?*

Wer und *was* werden als Relativ- und Interrogativpronomen benutzt. Genus und Numerus spielen keine Rolle.

Relativpronomen
*Er kommt schon wieder zu spät. Das ist genau das, **was** mich aufregt.*

Interrogativpronomen
***Was** hat das schon zu sagen?*

Wer oder *was* kann auch im Hauptsatz stehen.
***Wer** zu spät kommt, muss die Reste essen.*

Wer sucht, der findet.

! Das Pronomen kann zusammen mit einer Präposition stehen.
***Mit wem** sollen wir spielen? **Über wen** habt ihr gelacht?*
***Von wem** sind die Äpfel?*

Die Verwendung von *was*

was	ersetzt Indefinita	*In der Stadt ist **was (etwas)** los.*
was	kann für *das* stehen	***Das** ist es, **was** ich meine.*
was	steht bei substantivierten Superlativen	*Berlin bei Nacht ist **das Schönste, was** ich mir vorstellen kann.*
was	steht nach Pronomen und Zahladjektiven, die etwas Indefinites bezeichnen	*Ich kaufe dir **alles, was** du willst.*
was	im Nebensatz kann für einen Teilsatz stehen	***Er ging zur Tür hinaus, was** keiner bemerkte.*
was	kann nach einer Ordinalzahl folgen	*Das **Erste, was** ich nach dem Aufwachen sah, war der weiße Schnee.*

Deklination von *wer* und *was*

	bei Personen	**bei Sachen**
Nominativ	*wer*	*was*
Akkusativ	*wen*	*was*
Dativ	*wem*	*was*
Genitiv	*wessen*	*wessen*

was für ein/eine? – *Was für eine Bluse?*

Mit *was für ein?* fragt man nach der Eigenschaft einer Sache oder Person.

***Was für einen** Mantel möchten Sie?* — *Einen schwarzen.*
***Was für ein** Mensch ist das nur?* — *Ein ganz gemeiner.*

! ***Was für*** verändert sich nicht. ***Ein*** wird wie der **unbestimmte Artikel** dekliniert. ▶ Kapitel 1. Es gibt keine Pluralform, man benutzt dann ***welche***.

Die Indefinitpronomen

Indefinitpronomen bezeichnen Personen oder Sachverhalte in unbestimmter, allgemeiner Weise.
Da diese Pronomen formal sehr unterschiedlich sein können, werden sie in der folgenden Übersicht nach der Art ihrer Deklination gegliedert.
Sie treten als Begleiter und Stellvertreter auf.

Indefinitpronomen, die wie der bestimmte Artikel *(der, die, das)* dekliniert werden ▶ Kapitel 1

alle – *Ich bin auf **alle** Fälle dabei, wenn wir Skat spielen.*

Alle bezeichnet immer etwas im Plural, das zu einer Menge zusammengefasst wird. Es kann im Singular stehen, wenn es sich auf Abstrakta und Stoffe bezieht.
***aller** Reichtum, **alle** Kleidung, **alles** Geld*

Begleiter	Stellvertreter
*Mit **allen Sinnen** habe ich den Wind gespürt.*	***Alles** war wie verzaubert.*

! In Verbindung mit einem Personalpronomen steht erst das Personalpronomen und dann ***alle***.
Sie alle wollen kommen.

all – ***All** sein Wissen stand in diesem Buch.*

All hat keine Endung, wenn es vor einem anderen Pronomen steht.

beide – *Wir haben **beide** Hunger.*

Mit diesem Pronomen bezeichnet man zwei Personen oder Sachen.

Begleiter	Stellvertreter
*Als die **beiden Männer** um die Ecke kamen, lief ich weg.*	*Als die **beiden** mir gratulierten, freute ich mich.*

einige, etliche, mehrere – *Wir leben seit **mehreren** Jahren getrennt.*

Sie stehen für eine unbestimmte, nicht allzu große Menge.

***einige** Meter* – steht im Singular, wenn es sich um Abstrakta und Stoffe handelt.

Begleiter	Stellvertreter
*Wir sind **einige Meter** zusammen gegangen.*	*Wir haben **einiges** zusammen erlebt.*

mehrere – hat keinen Singular

Mehrere und ***etliche*** werden ebenso gebraucht.

jeder – *Das weiß doch **jeder**.*

Jeder ist ein sehr häufiges Indefinitpronomen, das keinen Plural hat. Es bezeichnet die Gesamtheit einer **bestimmten** Menge.

Begleiter
Jedes Kind *isst gern Schokolade.*

Stellvertreter
Das mag doch ***jeder****.*

Jedem das Seine.

manch(er), manche, manches – *Das ist schon* ***manchem*** *passiert.*

Dieses Pronomen bezeichnet eine **unbestimmte Anzahl** von Personen oder Sachen.

Begleiter
Manche Leute *lernen es nie.*

Stellvertreter
Manche *lernen umso schneller.*

manch – ***Manch*** *einer hat wirklich keine Zeit.*

Manch wird ohne Endung gebraucht, wenn es in Verbindung mit dem Indefinitpronomen ***ein*** steht.

sämtlicher, sämtliche, sämtliches – *Die Klimaveränderung betrifft* ***sämtliche*** *Menschen.*

Das Pronomen hat die Bedeutung von *alle, ganz* oder *vollständig.*

! Deklination wie der bestimmte Artikel, wobei Pronomen die Endung ***-en*** haben können, wenn das Substantiv ein Genitiv-**s** hat: *sämtli-ch**en** Mülls* nicht: *sämtlich**es** Mülls*

Verwendung nur als Begleiter:
Sämtliches *Geschirr ist kaputt gegangen.*

welche – *Ich möchte noch Wein. Hast du noch* ***welchen****?*

Begleiter
Auswahl aus einer konkreten Menge
Welche Sorte *brauchst du?*

Stellvertreter
Bezug auf ein vorher genanntes Substantiv
Ich habe keine Kartoffeln mehr. Hast du noch ***welche?***

irgendwelche – *Ich verschenke doch nicht nur* ***irgendwelche*** *Blumen.*

Es ist egal, um welche es sich handelt. Man benutzt es fast nur im Plural.

(k)einer, (k)eine, (k)eins – *Plötzlich hörte Gudrun ein Geräusch. Ist da* ***einer?*** *Sie schaute nach, konnte aber* ***keinen*** *sehen.*

Diese Pronomen bezeichnen eine bzw. keine unbestimmte Person oder Sache.
einer gibt es nur im Singular, im Plural benutzt man ***welche***.
Ist da ***einer****? – Sind da* ***welche****?*

Begleiter	**Stellvertreter**
Kein Mensch *konnte das wissen.*	***Keiner*** *konnte das ahnen.*

Deklination bei Verwendung als Stellvertreter

	Singular			**Plural**
	Maskulinum	**Femininum**	**Neutrum**	
Nominativ	*(k)einer*	*(k)eine*	*(k)ein(e)s*	*keine*
Akkusativ	*(k)einen*	*(k)eine*	*(k)ein(e)s*	*keine*
Dativ	*(k)einem*	*(k)einer*	*(k)einem*	*keinen*
Genitiv	*(k)eines*	*(k)einer*	*(k)eines*	*keiner*

irgendein, irgendeiner, irgendeines – *Kauf* ***irgendein*** *Brot.*

Die Unbestimmtheit wird verstärkt. Im Plural benutzt man ***irgendwelche***.

Begleiter	**Stellvertreter**
Irgendein Monteur *war da.*	***Irgendeiner*** *war da.*

Indefinitpronomen, die nicht dekliniert werden

ein bisschen	***ein paar***	***ein wenig***
ein bisschen *Milch*	***ein paar*** *Tränen*	***ein wenig*** *Zucker in den Tee*

Diese Pronomen sind feste Einheiten. Sie bezeichnen eine unbestimmte, kleine Menge. Man kann sie nicht deklinieren.

etwas, irgendetwas – ***Irgendetwas*** *ist passiert.*

Diese Pronomen werden für ein unbestimmtes Neutrum benutzt.
irgend- macht das noch deutlicher.

Begleiter (in Verbindung mit substantivierten Adjektiven)	**Stellvertreter**
*Du kannst mal **etwas Neues** anziehen.*	***Irgendetwas** habe ich nicht. Das musst du schon genauer sagen.*
Kurzform: *was*	Kurzform: *irgendwas*

nichts – *Möchten Sie mit mir tanzen? **Nichts** ist mir lieber als das.*

Nichts ist die Verneinung von ***etwas*** und ist unveränderlich.

Begleiter (in Verbindung mit substantivierten Adjektiven)	**Stellvertreter**
*Es gibt leider **nichts Neues**.*	*Da ist doch **nichts** dabei.*

Indefinitpronomen, mit besonderer Deklination

Sie treten alle nur als Stellvertreter auf.

jemand, irgendjemand – *Es wird schon **jemand** gesehen haben.*

Eine unbestimmte Person ist gemeint (ohne Genusmerkmal).

! Nominativ: *jemand*
Akkusativ: *jemand(en)*
Dativ: *jemand(em)*

niemand – *Es interessiert **niemanden**.*
Niemand ist die Verneinung von ***jemand*** und wird ebenso dekliniert.

man – *Da kann **man** nichts machen.*
Das unflektierbare ***man*** ist eine unpersönliche Bezeichnung für Personen, das nur als Subjekt und im Singular auftritt. In der Umgangssprache wird ***man*** oft benutzt, wenn das Passiv ▶ Kapitel 6 gemeint ist.

! ***Man*** gibt es nur im Nominativ.
Im Akkusativ und Dativ benutzt man ***einen*** bzw. ***einem***.

4 Das Adjektiv

Adjektive sind Wörter, die besondere Eigenschaften und Merkmale bezeichnen. Mit ihnen kann man

- **beschreiben, wie jemand oder etwas ist:**
  Personen: *Du bist aber* ***ungeduldig****. – der* ***ungeduldige*** *Mann*
  Dinge: *Das Ei ist nicht* ***weich,*** *sondern* ***hart****. – ein* ***hartes*** *Ei*
  Vorgänge: *Die Fahrt war* ***lang****. – die* ***lange*** *Fahrt*
  Zustände: *Sie ist* ***nüchtern****. – Kommen Sie in* ***nüchternem*** *Zustand!*
- **sagen, wie jemand etwas tut:**
  Er arbeitet ***schnell****.*
  Sie atmet ***tief****.*
- **jemanden oder etwas vergleichen:**
  Meine Freundin ist ***größer*** *als ich, aber ich bin* ***stärker.***

Adjektive lassen sich **steigern:**
schön – schöner – am schönsten
klein – kleiner – am kleinsten
gut – besser – am besten

... und **deklinieren:**
Sie trinkt morgens immer ***schwarzen*** *Kaffee.*
Er steigt auf den ***hohen*** *Berg.*
Ich nehme einen ***warmen*** *Apfelstrudel.*

Die Deklination des Adjektivs

Das Adjektiv wird im Satz auf verschiedene Weise gebraucht.
Als Attribut (Beifügung) steht es **vor** dem Substantiv. **Nach** dem Substantiv steht es, wenn es zum Prädikat (Verb im Satz, das etwas über das Subjekt aussagt) gehört.

Adjektiv vor Substantiv	Adjektiv nach Substantiv
der ***charmante*** *Mann*	*Der Mann ist* ***charmant****.*
die ***schöne*** *Helena*	*Helena ist* ***schön****.*
Großvater trinkt ***viel*** *Wein.*	*Großvater trinkt* ***viel****.*
Großmutter liebt ***süßen*** *Likör.*	*Der Likör schmeckt* ***süß****.*
! Das Adjektiv passt sich in Numerus, Genus und Kasus dem Substantiv an.	Das Adjektiv verändert sich nicht. Es steht in der Grundform.

Wenn das Adjektiv das Substantiv näher erklärt, steht es:

- alleine – ***süße*** *Limonade*
- mit einem bestimmten Artikel – ***die süße*** *Limonade*
- mit einem unbestimmten Artikel – ***eine süße*** *Limonade*
- mit anderen Artikelwörtern (z. B.) Possessivpronomen – ***meine süße*** *Limonade*
- mit Zahladjektiven – ***viele süße*** *Limonaden*

! Die typische Genusendung wird nur einmal vergeben.
Das kann entweder beim bestimmten Artikel oder beim Adjektiv sein:

*d**er** Wein:*	*rot**er** Wein, ein rot**er** Wein, d**er** rote Wein*
*di**e** Milch:*	*heiß**e** Milch, eine heiß**e** Milch, di**e** heiße Milch*
*da**s** Bier:*	*kalt**es** Bier, ein kalt**es** Bier, da**s** kalte Bier*

Es ist auch möglich, dass zwei Adjektive nebeneinanderstehen. Dann haben beide die gleiche grammatische Endung.

*klar**er** russisch**er** Wodka*
*die schlank**e** zierlich**e** Frau*
*ein elegant**er** sportlich**er** Anzug*

Außerdem können Adjektive auch zusammengesetzt werden:
Im Chinarestaurant bekommt man Ente süßsauer.
Mir schmeckt halbtrockener Sekt besser als süßer Sekt.

Auch die Variante mit Bindestrich (-) ist möglich. Nur das letzte Adjektiv erhält dann eine grammatische Endung.

medizinisch-technischer *Assistent*
deutsch-tschechische *Freundschaft*

Das Adjektiv ohne Artikel

In diesem Fall steht das Adjektiv ohne Artikel vor dem Substantiv. Da die Adjektivendungen die Merkmale für Numerus, Genus und Kasus tragen, wird diese Deklination auch **starke Deklination** genannt.

Singular			
	Maskulinum	**Neutrum**	**Femininum**
Nominativ	*frisch**er** Teig*	*frisch**es** Ei*	*frisch**e** Sahne*
Akkusativ	*frisch**en** Teig*	*frisch**es** Ei*	*frisch**e** Sahne*
Dativ	*frisch**em** Teig*	*frisch**em** Ei*	*frisch**er** Sahne*
Genitiv	*frisch**en** Teiges*	*frisch**en** Ei(e)s*	*frisch**er** Sahne*

Plural	
Nominativ	*frisch**e** Kuchen*
Akkusativ	*frisch**e** Kuchen*
Dativ	*frisch**en** Kuchen*
Genitiv	*frisch**er** Kuchen*

! Der letzte Buchstabe der Endung entspricht dem letzten Buchstaben des dazu passenden Definitartikels:

-r** = de**r**, **-e** = di**e**, **-s** = da**s
(Ausnahme: die maskulinen und neutralen Genitivformen)

Leicht gemerkt!

Die Adjektivendungen ohne Artikel im Überblick:

	Singular			Plural
	Maskulinum	**Neutrum**	**Femininum**	
Nominativ	*-er*	*-es*	*-e*	*-e*
Akkusativ	*-en*	*-es*	*-e*	*-e*
Dativ	*-em*	*-em*	*-er*	*-en*
Genitiv	***-en***	***-en***	*-er*	*-er*

! Nach einigen indefiniten Begleitern und Zahlwörtern werden die Adjektive genauso dekliniert: ***einige, mehrere, viele, wenige, sämtliche, etwas, zwei, drei*** usw.
*Mit **einigen kräftigen** Männern haben wir das Boot getragen.*
*Sie hat **viele neue** Hüte im Schrank.*

Das Adjektiv nach bestimmtem Artikel

Das Adjektiv steht zwischen dem bestimmten Artikel und dem Substantiv. Der Artikel trägt die Merkmale für Numerus, Genus und Kasus. Darum wird diese Deklination auch **schwache Deklination** genannt. Die folgende Tabelle zeigt, welche Adjektivendungen nach dem bestimmten Artikel *der, die, das* auftreten.

Singular			
	Maskulinum	**Neutrum**	**Femininum**
Nominativ	*der groß**e** Fisch*	*das groß**e** Boot*	*die groß**e** Welle*
Akkusativ	*den groß**en** Fisch*	*das groß**e** Boot*	*die groß**e** Welle*
Dativ	*dem groß**en** Fisch*	*dem groß**en** Boot*	*der groß**en** Welle*
Genitiv	*des groß**en** Fisches*	*des groß**en** Bootes*	*der groß**en** Welle*
Plural			
Nominativ	*die groß**en** Boote*		
Akkusativ	*die groß**en** Boote*		
Dativ	*den groß**en** Booten*		
Genitiv	*der groß**en** Boote*		

! Nur der Artikel signalisiert Numerus, Genus und Kasus. Die Adjektive haben nur die Endungen *-**e*** und *-**en***.

Leicht gemerkt!

Die Adjektivendungen mit bestimmtem Artikel im Überblick:

	Singular			**Plural**
	Maskulinum	**Neutrum**	**Femininum**	
Nominativ	*-e*	*-e*	*-e*	*-en*
Akkusativ	*-en*	*-e*	*-e*	*-en*
Dativ	*-en*	*-en*	*-en*	*-en*
Genitiv	*-en*	*-en*	*-en*	*-en*

Außerdem gilt die Tabelle auch für Adjektive nach:

- Demonstrativpronomen: ***dieser, jeder, jener, mancher, welcher***
  Dieses schöne *Kleid muss ich haben.*
  Jedes kleine *Kind mag Süßigkeiten.*
  Jener fremde *Mann ging an mir vorbei.*
- Indefinitpronomen: ***alle, beide, sämtliche, solche***
  Alle guten *Absichten waren vergessen.*
  Beide alten *Frauen hatten überlebt.*
  Solche komischen *Sachen mag ich nicht.*

Das Adjektiv nach unbestimmtem Artikel

Das Adjektiv steht zwischen dem unbestimmten Artikel und dem Substantiv.
Bei dieser Deklination findet man Adjektivendungen aus der starken und schwachen Deklination. Dehalb nennt man sie **gemischte Deklination**.

Singular			
	Maskulinum	**Neutrum**	**Femininum**
Nominativ	*ein grün**er** Aal*	*ein neu**es** Boot*	*eine klein**e** Krabbe*
Akkusativ	*einen grün**en** Aal*	*ein neu**es** Boot*	*eine klein**e** Krabbe*
Dativ	*einem grün**en** Aal*	*einem neu**en** Boot*	*einer klein**en** Krabbe*
Genitiv	*eines grün**en** Aales*	*eines neu**en** Bootes*	*einer klein**en** Krabbe*

Im Plural fällt der unbestimmte Artikel weg. Der genauso deklinierte Negationsartikel ***kein*** hat aber einen Plural:

Plural	
Nominativ	*keine teur**en** Angeln*
Akkusativ	*keine teur**en** Angeln*
Dativ	*keinen teur**en** Angeln*
Genitiv	*keiner teur**en** Angeln*

Leicht gemerkt!

Die Adjektivendungen mit unbestimmtem Artikel im Überblick:

	Singular			**Plural**
	Maskulinum	**Neutrum**	**Femininum**	
Nominativ	*-er*	*-es*	*-e*	*-en*
Akkusativ	*-en*	*-es*	*-e*	*-en*
Dativ	*-en*	*-en*	*-en*	*-en*
Genitiv	*-en*	*-en*	*-en*	*-en*

! Diese Tabelle gilt auch für den Negationsartikel ***kein*** und die Possessivpronomen ***mein, dein, sein*** usw.

Nach einer **Verbindung aus Präposition und Artikel** hat das Adjektiv eine **schwache Deklination.** ▶ Kapitel 4, Das Adjektiv nach bestimmtem Artikel.

in das kalte *Wasser springen* — ***ins kalte*** *Wasser springen*
in dem tiefen *Wasser baden* — ***im tiefen*** *Wasser baden*
zu dem anderen *Ufer schwimmen* — ***zum anderen*** *Ufer schwimmen*

Besonderheiten bei der Deklination

Wegen der besseren Aussprache verlieren manche Adjektive bei der Deklination in der Endsilbe das -e.

- Adjektive mit der Endung ***-el:***
  miserabel – Er hatte heute eine ***miserable*** *Laune.*
  dunkel – Im Herbst ist es ***dunkler*** *als im Frühling.*
- Adjektive mit der Endung ***-en***
  trocken – Der ***trock(e)ne*** *Keks schmeckt nicht.*
- Adjektive mit der Endung ***-er***
  sauer – Ich will eine ***saure*** *Gurke essen.*
  teuer – Die ***teure*** *Bluse kaufe ich mir ausnahmsweise.*
- Bei dem Adjektiv *hoch* fällt das ***-c*** weg.
  hoch – der ***hohe*** *Turm*
  die ***hohe*** *Wand*
  das ***hohe*** *Haus* (aber: *das* ***Hoch****haus)*

Schreiben Sie zehn Substantive und Adjektive, die Ihnen gefallen, auf verschiedenfarbige Kärtchen. Ziehen Sie davon jeweils ein Substantiv und ein Adjektiv und deklinieren Sie die Wortpaare – mal mit, mal ohne einen Artikel.

Manche Adjektive werden nicht dekliniert. Zu dieser kleinen Gruppe gehören:

- einige fremdsprachliche Farbadjektive:
  Sie trug einen ***rosa*** *Wollpullover.*
  Der ***lila*** *Rock passte aber nicht dazu.*
  (In der Umgangssprache hört man jedoch auch: *ein rosaner Pullover, ein lilaner Rock.)*
- die Grundzahlen ▶ Kapitel 5:
  Wir fahren für ***fünf*** *Wochen ganz weit weg.*
  Zu Weihnachten haben wir ***vier*** *Tage frei.*
- Adjektive, die von Städten oder geografischen Namen abgeleitet wurden, mit der Endung ***-er:***
  der ***Berliner*** *Bär, dem* ***Wiener*** *Würstchen, des* ***Kölner*** *Doms*

Substantivierte Adjektive

Das substantivierte Adjektiv kann eine starke und eine schwache Endung haben. Es gelten dieselben Regeln wie für die Adjektive.
▶ Kapitel 4

starke Adjektivendung	schwache Adjektivendung
Neue *sind in diesem Kurs willkommen.*	*Die* ***Neue*** *lenkt alle Aufmerksamkeit auf sich.*
Ein ***Neuer*** *kam ins Büro.*	*Der* ***Neue*** *ist ein bisschen schüchtern.*
Wichtiges *muss man von* ***Unwichtigem*** *trennen.*	*Das* ***Wichtige*** *lernen wir zuerst.*
	Alles ***Wichtige*** *haben wir besprochen.*

Andere Wortarten als Adjektive

In der Wortbildung ist es möglich, durch kleine Veränderungen am Wort die Wortarten zu wechseln:

- Mit Hilfe von Suffixen können aus Substantiven und Verben **Adjektive** werden. ▶ Kapitel 7
  der Traum – ***traumhaft***   *leben –* ***lebhaft***
  die Jugend – ***jugendlich***   *ärgern –* ***ärgerlich***
- Ohne eine besondere Veränderung können die Partizipien als Adjektive verwendet werden. ▶ Kapitel 6
  der ***kochende*** *Tee* — Bedeutung: Er kocht gerade.
  der ***eingelaufene*** *Wollpullover* — Bedeutung: Durch das Waschen ist er zu klein geworden.

Die Steigerungsformen

Steigerung bedeutet, dass man mit den Adjektiven Vergleichsformen bilden kann. Die Adjektive kann man in drei Stufen darstellen:

Positiv	**Komparativ**	**Superlativ**
klein	*kleiner*	*am kleinsten*
*Der Däumling ist so **klein** wie ein Daumen.*	Grundform + **-er** *Der Däumling ist **kleiner** als ein Kind.*	Grundform + **-st** *Der Däumling ist **am kleinsten** von allen.*

Es wird eine Gleichheit beschrieben.	Es wird eine Ungleichheit beschrieben.	Das ist die höchste Stufe des Vergleichs.
dick	*dicker*	*am dicksten*
groß	*größer*	*am größten*

Komparativ und Superlativ werden genauso wie der Positiv dekliniert. Es gibt also auch hier **starke** und **schwache** Endungen.
*Mit dem **frischeren** Gemüse schmeckt die Suppe einfach besser.*
*Das **frischeste** Gemüse kauft man auf dem Markt.*

Der Superlativ ohne Vergleich ist der **absolute Superlativ**, mit dem ein Maximum beschrieben wird.

Aus der ***kleinsten*** Mücke macht er den ***größten*** Elefanten. (Redensart)

! Auf Grund der besseren Aussprache gilt Folgendes:

- Endung ***-est*** im Superlativ: nach Adjektiven mit ***-d, -t, -s, -ss, -ß, -sch, -z, -tz, -x*** bei **betonter** Endsilbe

rund	*runder*	*am rund**est**en*
nass	*nasser*	*am nass**est**en*

- Umlaut bei Komparativ und Superlativ: *a,o,u* wird zu *ä,ö,ü*

arm	***ä**rmer*	*am **ä**rmsten*
grob	*gr**ö**ber*	*am gr**ö**bsten*
klug	*kl**ü**ger*	*am kl**ü**gsten*

– Im Komparativ kommt ein ***-r*** hinzu

teuer	*teu**r**er*	*am teuersten*
sauer	*sau**r**er*	*am sauersten*

Unregelmäßige Steigerungsformen

Die unregelmäßigen Steigerungsformen folgen keiner Regel. Darum ist es gut, die Adjektive mit diesen Formen einfach zu lernen.

Positiv	Komparativ	Superlativ
gut	*besser*	*am besten*
hoch	*höher* (ohne *c*)	*am höchsten*
nah	*näher*	*am nächsten* (mit *c*)
neidisch	*neidischer*	*am neidischsten* (ohne *e*)
viel	*mehr*	*am meisten*

Bei zusammengesetzten Adjektiven werden **nie** beide Adjektive gesteigert. Man kann aber das erste **oder** das zweite Adjektiv steigern.
*die **meistgelesene** Zeitung* *der **nahegelegenste** Ort*

Die Verstärkung von Adjektiven

Manchmal möchte man eine Eigenschaft besonders hervorheben. Das Adjektiv wird dann durch ein **Adverb** verstärkt. ▶ Kapitel 8

Die Adverbien der Verstärkung:

- ***sehr*** – *Das war eine **sehr** teure Kette.*
- ***besonders*** – *Das war eine **besonders** teure Kette.*
- ***ganz*** – *Das war eine **ganz** teure Kette.*
- ***recht*** – *Das war eine **recht** teure Kette.*
- ***ziemlich*** – *Die Kette war **ziemlich** teuer.*
- ***äußerst*** – *Die Kette war **äußerst** teuer.*

In allen Varianten wird hervorgehoben, dass es sich um eine kostbare Kette handelt.

In der Umgangssprache werden häufig im eigentlichen Sinne ‚negative' Adjektive benutzt, um die Bedeutung eines anderen Adjektivs zu steigern, z.B.: *fürchterlich, wahnsinnig, irre, enorm, riesig, furchtbar, kolossal, brutal, fantastisch.*

Ab einer Million € werden die Kardinalzahlen als Wort nicht mehr zusammengeschrieben.
eine Million siebenhundertachtzigtausend

! **eins** – kann als Zahlwort nicht vor einem Substantiv stehen. Deshalb benutzt man den unbestimmten Artikel, der entsprechend dekliniert werden muss. ▶ Kapitel 1
*Mit **einem** Schuh kommt man nicht weit.*

Lust auf Mathematik?

Schreibweise	gesprochen
Addition: 5 + 3 = 8	*Fünf plus drei ist (gleich) acht.*
Substraktion: 11 - 6 = 5	*Elf minus sechs ist (gleich) fünf.*
Multiplikation: 4 × 3 = 12	*Vier mal drei ist (gleich) zwölf.*
Division: 12 : 6 = 2	*Zwölf (geteilt) durch sechs ist (gleich) zwei.*

Die Dezimalzahlen:

Schreibweise	gesprochen
0,5	*null Komma fünf*
3,4	*drei Komma vier*
11,89	*elf Komma acht neun*

Die Währungen im deutschsprachigen Raum

Schreibweise	gesprochen
Währung für Deutschland und Österreich	
12 €	zwölf Euro
4,50 €	vier Euro fünfzig (Cents)
Währung für die Schweiz	
1,- sfr/sFr	ein (Schweizer) Franken
1,80 sfr/sFr	ein Franken achtzig (Rappen)

Die Jahreszahlen

Jahreszahlen werden folgendermaßen gesprochen:

1989 – *neunzehnhundertneunundachtzig*
1543 – *fünfzehnhundertdreiundvierzig*
ab dem Jahr 2000:
2001 – *zweitausend(und)eins*

Im Satz kann man die Jahreszahlen folgendermaßen verwenden:

2005 *hatten wir Besuch aus Afrika.*
oder: ***Im Jahr(e) 2005*** *hatten wir Besuch aus Afrika.*

Die Uhrzeit

Im Deutschen gibt es verschiedene Möglichkeiten, die Uhrzeit auszudrücken. Es gibt eine offizielle Zeitangabe, wie man sie z. B. in den Nachrichten hört, und eine umgangssprachliche, die man normalerweise im täglichen Sprachgebrauch benutzt.

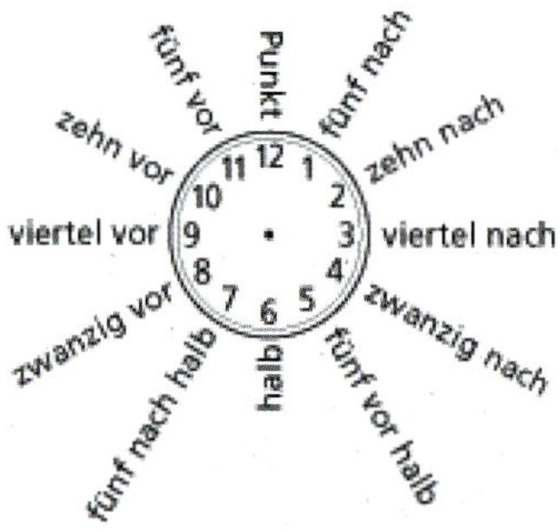

! In einigen Regionen der deutschsprachigen Länder hört man auch oft die Zeitangabe *viertel zehn* (= 9.15) bzw. *dreiviertel zehn* (= 9.45).

offiziell	**Uhrzeit**	**umgangssprachlich**
ein Uhr		*(Punkt) eins*
drei Uhr vierzig		*zwanzig vor vier*
elf Uhr fünfundvierzig		*Viertel vor zwölf*
zwölf Uhr fünfzehn		*Viertel nach zwölf*
zwölf Uhr fünfundfünfzig		*fünf vor eins*

vierzehn Uhr fünfundfünfzig		*fünf vor drei*
siebzehn Uhr fünfundzwanzig		*fünf vor halb sechs*
zwanzig Uhr zweiunddreißig		*kurz nach halb neun*
dreiundzwanzig Uhr achtundfünfzig		*kurz vor zwölf*
vierundzwanzig Uhr (auch ***null*** *Uhr)*		*zwölf*

Nach der Uhrzeit kann man folgendermaßen fragen und antworten:

Wie spät ist es?	***Es ist*** *neunzehn Uhr dreißig.*
Wie viel Uhr ist es?	***Es ist*** *Viertel vor acht.*
Um wie viel Uhr *fängt der Film an?*	***Um*** *zwanzig Uhr.*
Wann *treffen wir uns?*	***Um*** *halb acht.*

Nehmen Sie sich eine Uhr zur Hand, bei der man schnell und einfach die Zeit verstellen kann (am besten eine analoge Uhr, einen Wecker), und verstellen Sie die Zeiger willkürlich, ohne hinzusehen. Lesen Sie dann laut die eingestellte Uhrzeit ab. Wiederholen Sie das, bis Ihnen die Uhrzeiten geläufig sind.

Bruchzahlen, Gewichte und Maße

Bruchzahlen

1/100	*ein Hundertstel*	
1/10	*ein Zehntel*	
1/8	*ein* ***Ach****tel*	Bildung: *ein* + Grundzahl + -*(s)****tel***
1/4	*ein Viertel*	
1/3	*ein* ***Drit****tel*	
1/2	***ein halb-***	
1/20	*ein Zwanzig****s****tel*	
3/4	*drei Viertel*	
1 ½	*eineinhalb (anderthalb)*	
3 ½	*dreieinhalb*	

Bruchzahlen können wie Adjektive gebraucht werden. Bis auf 1/2 haben sie aber keine typischen Adjektivendungen.
ein viertel *Liter Milch,* ***ein achtel*** *Liter Öl,* ***eine hundertstel*** *Minute,* ***ein halbes*** *Brot,* ***eine halbe*** *Torte*

Gewichte

1 kg	– *ein Kilo(gramm)*
1½ kg	– *eineinhalb Kilo* oder ***anderthalb*** *Kilo*
1 Pfd	– *ein Pfund* (nicht in Österreich)
1 g	– *ein Gramm*
1 dag	– *ein Dekagramm = 10g* (nur in Österreich)
500 g	= *ein Pfund*
1000 g	= *1Kilo*

Besondere Mengenangaben:
ein Dutzend = 12, ***1 Paar*** = 2, ***ein paar*** = eine unbestimmte geringe Menge

Maße

1 l	= ein Liter		
0,1 l	= *ein Deziliter*		
1 km	= *1 Kilometer*	1 mm	= *1 Millimeter*
1 km/h	= *ein Kilometer pro Stunde*	1°C	= *1° Celsius*
1 m	= *ein Meter*	–1°C	= *minus ein Grad (Celsius)* oder: *ein Grad unter null*
1 m²	= *ein Quadratmeter*		
1 m³	= *ein Kubikmeter*	+ 1°C	= *plus ein Grad (Celsius)* oder: *ein Grad über null*
1 cm	= *ein Zentimeter*		

Vervielfältigungszahlen

Sie geben an, **wie oft** etwas vorhanden ist.
Das Buch gibt es in ***zweifacher*** *Ausführung. – Das war ein* ***dreifacher*** *Betrug.*

Zur Bildung wird an die Grundzahl ***-fach*** angehängt:

einfach	*1fach*	*dreifach*	*3fach*
zweifach	*2fach*	usw.	

Hier ist auch die Schreibweise mit Bindestrich erlaubt: *2-fach* etc.

Die Ordnungszahlen

Der wievielte ...? Auf diese Frage antwortet man mit den Ordnungszahlen (Ordinalzahlen). Mit ihnen kann man eine Reihenfolge festlegen.
*der **erste** Platz, der **zweite** Platz und der **dritte** Platz*

! Als Ziffer bekommt die Ordnungszahl immer einen Punkt.
*der **1.** Platz, der **2.** Platz und der **3.** Platz*

Die Bildung der Ordnungszahlen

Ordnungszahlen ***1.–19.*: Grundzahl + Endung *-t*** (unregelmäßige Bildung bei *1* und *3*)
*der **1.** April* – gesprochen: *der **erste** April*

1.	***erst-***	6.	*sechst-*
2.	*zweit-*	7.	*sieb(en)t-*
3.	***dritt-***	8.	*acht- (nur ein -t)*
4.	*viert-*	9.	*neunt-*
5.	*fünft-*	10.	*zehnt-*

Ordnungszahlen **ab 20.: Grundzahl + Endung *-st***
*der **20.** November* – gesprochen: *der **zwanzigste** November*

20.	*zwanzigst-*	30.	*dreißigst-*
21.	*einundzwanzigst-*	31.	*einunddreißigst-*
22.	*zweiundzwanzigst-*	32.	*zweiunddreißigst-*
23.	*dreiundzwanzigst-*	33.	*dreiunddreißigst-*
24.	*vierundzwanzigst-*	34.	*vierunddreißigst-*
25.	*fünfundzwanzigst-*	35.	*fünfunddreißigst-*
26.	*sechsundzwanzigst-*	36.	*sechsunddreißigst-*
27.	*siebenundzwanzigst-*	37.	*siebenunddreißigst-*
28.	*achtundzwanzigst-*	38.	*achtunddreißigst-*
29.	*neunundzwanzigst-*	39.	*neununddreißigst-*

! Die Ordnungszahlen werden wie Adjektive dekliniert. Sie können mit und ohne Artikelwort vor dem Substantiv stehen. Danach richtet sich auch, ob sie eine starke oder schwache Endung haben.

– ohne Artikelwort — *Die Flasche Sekt war **erste** Wahl.*

- mit Artikelwort/bestimmtem Artikel — *Ich bin **das erste** Mal im Theater gewesen.*
- mit Artikelwort/unbestimmtem Artikel — *Es gibt immer **ein erstes** Mal.*
- Bei zusammengesetzten Ordnungszahlen wird nur der letzte Teil der Zahl dekliniert. ▶ Kapitel 4 Adjektive
  *Ab dem **einundzwanzigsten** Mai ist es hoffentlich warm.*
- Aufzählungen: ***erstens, zweitens, drittens***
  Bildung: Ordnungszahl + Endung ***-ens***
  ***Erstens** bin ich nicht blöd und **zweitens** kann ich das alleine und **drittens** geht dich das gar nichts an.*

Die Ordinalzahl kann auch als **Substantiv** auftreten.
*Er will immer **Erster** sein. **Zweiter** zu sein genügt ihm nicht.*
*Ludwig **der Vierzehnte** (XIV.) war der Sonnenkönig.*

Ordinalzahl mit Endung *-**er*** — ***ein Sechser** im Lotto*

! In Verbindung mit **zu** ist die Ordinalzahl endungslos.
*Heute Abend sind wir **zu zweit.** Vielleicht aber auch **zu dritt.***

Das Datum

Für die Angabe des Datums werden Ordinalzahlen als Ziffern benutzt:

- allgemeine Datumsangabe: *Heute ist **der 1. Mai**.*
  gesprochen: *der erste Mai*
  *Am Samstag, **dem 3. August,** komme ich zu dir.*
  gesprochen: *dem dritten August*
- im Brief: *Berlin, **24.12.2006*** oder: *Berlin, **den 24.12.2006***
  gesprochen: *(den) vierundzwanzigsten Zwölften zweitausendsechs*
- im Lebenslauf: *Ich wurde **am 08.12.1987** geboren.*
  gesprochen: *am achten Zwölften neunzehnhundertsiebenundachtzig*
- für Zeiträume: *Vom **15.3.–21.4.2008** möchte ich ein Zimmer reservieren.*
  gesprochen: *vom fünfzehnten Dritten bis einundzwanzigsten Vierten zweitausendacht*

Leicht gemerkt!

Das Wichtigste bei den Zahlen:
Es gibt **Grundzahlen** (1, 2, 3) und **Ordnungszahlen** (1., 2., 3.).
Bei den Grundzahlen liest man zuerst den Einer und dann den Zehner:
27 = 7 + 20 = sieben-und-zwanzig,
bei den Ordnungszahlen die Grundzahl und die Endung **-t** (1.-19.) bzw. **-st** (ab 20.).
Die Zahlen von eins bis zwanzig und die Zehnerzahlen sollten Sie auswendig lernen. Dann können Sie alle weiteren Zahlen ganz einfach bilden.

6 Das Verb

Das Verb spielt eine wichtige Rolle im Satz. Von ihm hängen die inhaltliche Aussage und der Satzbau ab. Als Satzglied hat es die Funktion des Prädikats. ▶ vgl. Kapitel 9, Das Verb im Satz
Es kann viele Dinge beschreiben:

Handlungen	*Der Junge* ***läuft*** *zum Bäcker und* ***kauft*** *ein Brot.*
Vorgänge	*Es* ***regnet*** *und* ***stürmt*** *gerade.*
Wahrnehmungen der Sinnesorgane	*Opa* ***sieht*** *aus dem Fenster, weil er die Vögel* ***beobachten*** *will. Man kann sie auch deutlich* ***hören****.*
Empfindungen	*Die Schwester* ***ärgert sich*** *über ihren Bruder. Und er* ***freut sich*** *noch darüber. Ich* ***fühle mich*** *heute krank.*
Bewusstseinsprozesse	*Ich* ***denke****, du* ***weißt****, was ich* ***meine****.*

Die Veränderung des Verbs wird Konjugation genannt.
Es verändert sich in:

1. Person und Numerus	welche Personen und wie viele *ich spiele, er spielt, wir spielen*
2. Tempus/die Tempora	die grammatischen Zeiten *er spielt, er spielte, er hat gespielt*
3. Modus/die Modi	die Aussageweise des Sprechers *er spielt, er spiele, er würde spielen*
4. Aktiv/Passiv	die Handlungsarten *Er* ***spielt*** *Schach. Dort drüben am Tisch* ***wird*** *Schach* ***gespielt****.*

Aufgrund ihrer Aufgabe im Satz kann man die Verben in Gruppen einteilen:

Vollverben ▶ Kapitel 6, S. 65
Hilfsverben ▶ Kapitel 6, S. 69
Modalverben ▶ Kapitel 6, S. 70

Das Vollverb

Die meisten Verben gehören zu den Vollverben. Das heißt, sie können allein das Prädikat im Satz bilden. ▶ Kapitel 9, Das Verb im Satz

Ich bade in der Badewanne.

In diese Gruppe gehören:

- Verben mit einer Ergänzung
  transitiv: *Ich trinke keinen Wein.*
  intransitiv: *Ich schwimme gerne.*
  reflexive Verben: *Ich freue mich über euren Brief.*
- persönliche und unpersönliche Verben
  du kochst, es regnet schon wieder
- Funktionsverben
  ein Geschenk bekommen
- Verben mit Verbzusatz
  abschneiden – sie schneidet ab

Verben mit einer Ergänzung

Es gibt Verben, die eine Ergänzung brauchen. Man unterscheidet dabei zwei Gruppen.

transitive Verben	**intransitive Verben**
Objekte stehen im **Akkusativ** ▶ Kapitel 9	Objekte stehen im **Dativ** oder **Genitiv**.
*Ich mag **ihn**.* (Akkusativ)	*Er hilft **ihm**.* (Dativ)
*Er liest **ein Buch**.* (Akkusativ)	*Wir gedenken **des Toten**.* (Genitiv)
	Objekte stehen in Verbindung mit einer **Präposition**.
	*Sie spricht **mit** ihm.*
	Es gibt **kein Objekt**.
	Die Medizin hilft schnell.

Viele Verben können **transitiv und intransitiv** gebraucht werden.

transitiv: *Sie spricht die deutsche Sprache.* (Akkusativ)
intransitiv: *Sie spricht mit dem Arzt.* (Objekt mit Präposition)

! Transitive Verben können das **Passiv** bilden. ▶ Kapitel 6, S. 100
Ein intransitives Verb kann **kein Passiv** bilden.

Reflexive Verben

Viele Verben werden in Verbindung mit einem Reflexivpronomen benutzt. Das Reflexivpronomen bezieht sich noch einmal auf das Subjekt des Satzes. Es kann im Dativ oder Akkusativ stehen. ► Kapitel 3, Reflexivpronomen

Dativ: *Ich kämme **mir** das Haar.*
Akkusativ: *Ich freue **mich** auf das Abendbrot.*

! Bei einem echten reflexiven Verb kann kein Substantiv als Ersatz stehen.
*Ich schäme **mich**.*
(Es gibt kein Substantiv, das an diese Stelle passt.)
Bei einem unechten reflexiven Verb kann als Ersatz ein Substantiv stehen.
Ich kämme mich. – Ich kämme meine Schwester.

Reflexive Verben sind so im Wörterbuch vermerkt:
• er·in·nern [ɛɐˈʔ□hɐn] <erinnert, erinnerte, erinnert> **I.** *tr* K *jd erinnert jd an etw akk/jdn jdm* eine Sache/Person wieder bewusst machen *der Mann erinnerte sie an ihren alten Vater;* **II.** *refl* K *jd erinnert sich akk an etw akk* sich einer Sache/Person wieder bewusst werden *Sie erinnerte sich an ihr Versprechen*

Persönliche und unpersönliche Verben

Persönliche Verben können in allen drei Personen im Singular und Plural stehen.

ich esse, du isst, er isst, sie essen, ihr esst, sie essen

Dazu gehören auch Verben, die nur in der dritten Person gebraucht werden.

Die Blume blüht. Der Zweig blüht. Die Rosen blühen.

Unpersönliche Verben stehen nur in Verbindung mit dem Pronomen *es*. ► Kapitel 3

Es regnet. Es schneit. Es riecht nach Bratäpfeln. Es schmeckt gut.

Funktionsverben

Wenn Verben zu Substantiven in Beziehung treten, nennt man sie Funktionsverben. Sie können ohne eine Ergänzung (Akkusativ- oder Präpositionalobjekt) kein Prädikat bilden.

Ich gebe dir mein Versprechen.

Zu den wichtigsten Funktionsverben gehören:
bringen, kommen, geben, machen

bringen/kommen	***geben***	***machen***
in Ordnung bringen	*ein Versprechen geben*	*einen Vertrag machen*
zur Sprache bringen	*einen Rat geben*	*eine Pause machen*
zur Vernunft kommen	*eine Erlaubnis geben*	*eine Andeutung machen*
ans Licht kommen	*eine Einschätzung geben*	*einen Versuch machen*

weitere Funktionsverben:
bekommen, besitzen, erfahren, erhalten, finden, nehmen, ziehen

Verben mit Zusätzen

Verben können mit Zusätzen kombiniert werden. Dadurch bekommen die Verben eine neue Bedeutung, z.B. *laufen:* ***ab****laufen,* ***hin****laufen,* ***weg****laufen*
▶ Kapitel 7, Die Ableitungen mit Präfixen
Die meisten Verbzusätze (Präfixe) sind **betont**. Sie werden in den konjugierten Formen abgetrennt.

Die wichtigsten trennbaren Verbzusätze

ab-	*abfahren*	*Der Zug* ***fährt*** *pünktlich* ***ab.***
an-	*anfassen*	*Er* ***fasst*** *den Stoff* ***an.***
auf-	*aufpassen*	***Pass*** *doch* ***auf!***
aus-	*ausrutschen*	*Er* ***rutscht*** *auf einer Bananenschale* ***aus.***
ein-	*einkaufen*	*Wir* ***kaufen*** *immer am Donnerstag* ***ein.***
her-	*herkommen*	***Komm*** *doch mal* ***her!***
hin-	*hingehen*	*Wo* ***gehst*** *du* ***hin?***
los-	*loslassen*	***Lass*** *mich endich* ***los!***
mit-	*mitkommen*	***Er*** *kommt* ***mit.***
raus-/rein-	*rausgehen*	*Das Kind* ***geht raus*** *in den Garten.*
vor-	*vorschlagen*	*Ich* ***schlage vor,*** *wir machen jetzt Schluss.*
weg-	*wegbringen*	*Du* ***bringst*** *die Post* ***weg.***
weiter-	*weiterlesen*	***Lesen*** *Sie bitte* ***weiter!***
zu-	*zuhören*	***Hörst*** *du mir bitte mal* ***zu!***
zurück-	*zurückkommen*	*Er* ***kam*** *gestern aus dem Urlaub* ***zurück.***

Trennbare Verben stehen so im Wörterbuch:
• aus·rei·sen <reist aus, reiste aus, ausgereist> *itr* sein einen Staat verlassen, über die Grenze gehen *aus Deutschland ~*

Die Satzstellung bei Verben mit trennbarem Verbzusatz

– Der Aussagesatz und die Frage mit dem Interrogativpronomen

konjugiertes Verb		Präfix (Satzende)	
Wir	***fahren***	*morgen*	***weg*.**
Wann	***fährst***	*du*	***weg*?**

– Die *Ja/Nein*-Frage und die Aufforderung

konjugiertes Verb		Präfix (Satzende)
Gehen	*wir*	***weg*?**
Geht	*endlich*	***weg*!**

– Wenn das konjugierte Verb am Satzende von Nebensätzen steht

Hauptsatz	Nebensatz	trennbares Verb
Ich hoffe,	*dass sie gut*	***ankommt*.**

Untrennbare Verbzusätze

Das sind Präfixe, die nicht allein stehen können. Bis auf ***miss-*** sind alle Verbzusätze dieser Tabelle **unbetont.**

▶ Bedeutung der Verbzusätze Kapitel 7, Die Ableitungen mit Verbzusätzen

Präfix	Beispiel-Infinitiv	Beispielsatz
be-	*besuchen*	*Ich **besuche** dich bald.*
ent-	*entwerfen*	*Er **entwirft** das Gebäude.*
er-	*erscheinen*	***Erscheinen** Sie bitte pünktlich!*
ge-	*gefallen*	*Du **gefällst** mir sehr.*
miss-	*missverstehen*	*Sie **missversteht** ihn mit Absicht.*
wider-	*widersprechen*	*Das **widerspricht** der Regel.*
ver-	*verlieren*	*Beim Spiel **verliere** ich immer.*
zer-	*zerschneiden*	***Zerschneidet** das Papier nicht!*

Mehrteilige Verben:

Diese Verben bilden das Prädikat aus zwei Teilen. Der erste Teil des Infinitivs bleibt bei der Konjugation unverändert. Er steht am Satzende.

Infinitiv	konjugierte Form	Wortarten
spazieren gehen *kennenlernen* *baden gehen*	*Ich **gehe spazieren**.* *Er lernt sie **kennen**.* *Du **gehst baden**.*	Infinitiv + Verb

geschenkt bekommen *verloren gehen*	*Er* ***bekommt*** *Blumen* ***ge-schenkt.*** *Der Ring* ***ging verloren.***	Partizip + Verb
Rad fahren *Auto fahren* *Klavier spielen*	*Wir* ***fahren Rad,*** *ihr* ***fahrt Auto.*** *Sie* ***spielen Klavier.***	Substantiv + Verb
übereinanderlegen *rückwärts fahren*	*Ich* ***lege*** *die Hemden* ***übereinander.*** *Das Auto* ***fährt rückwärts.***	Adverb + Verb

Die Hilfsverben

Zu den Hilfsverben gehören ***sein, haben*** und ***werden.*** Man braucht sie,
- um die **zusammengesetzten Zeitformen** zu bilden.
  ▶ Kapitel 6, Die Tempora
  Sie ***ist*** *in die Badewanne gegangen und* ***hat*** *sich gewaschen.* (Perfekt)
  Er ***hatte*** *schlecht geschlafen.* (Plusquamperfekt)
  Wann ***wird*** *sie wiederkommen?* (Futur)
- ... oder bei der Bildung des **Passiv:** ▶ Kapitel 6
  Das Baby ***wurde*** *geboren.*

sein, haben und *werden* können auch als normale Verben (Vollverben) im Satz stehen:
- ***sein*** kann in Verbindung stehen mit:
  einem Adjektiv: *Der Großvater ist alt.*
  oder Substantiv: *Die Großmutter ist eine alte Frau.*
- ***haben*** kann in Verbindung stehen mit:
  einem Substantiv: *Sie hat heute Geburtstag.*
- ***werden*** kann in Verbindung stehen mit:
  einem Substantiv: *Sie möchte unbedingt Lehrerin werden.*
  einem Adjektiv: *Es wird jetzt langsam wärmer.*

▶ Bedeutung von *werden* vgl. Kapitel 6, Verben mit speziellen Bedeutungen
Konjugation von *sein, haben, werden* vgl. Kapitel 6, Die finite Form des Verbs

Die Modalverben

Die Modalverben bestimmen die Art und Weise, wie man etwas tut: gern oder nicht, freiwillig oder nicht usw.
Es gibt sechs Modalverben: ***dürfen, können, müssen, sollen, wollen, mögen***.
Modalverben kommen meist mit einem anderen Verb zusammen vor. Das zweite Verb steht dann im Infinitiv am Satzende.
*Sie **soll** morgen nicht **kommen**.* ▶ Kapitel 6, Die Bildung der Verbformen

Die unterschiedliche Bedeutung der Modalverben am Beispiel *arbeiten*

	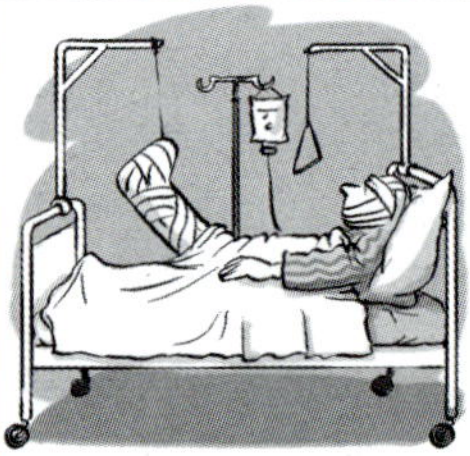	
*Er **darf** nicht arbeiten.*	*Er **kann** nicht arbeiten.*	*Er **mag** nicht arbeiten.*
	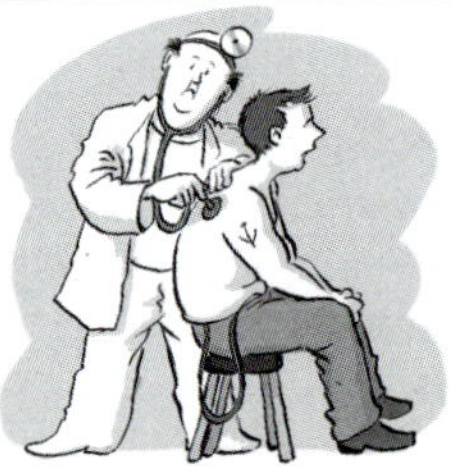	
*Er **muss** nicht arbeiten.*	*Er **soll** nicht arbeiten.*	*Er **will** nicht arbeiten.*

Die Bedeutung der Modalverben

Modalverb	Bedeutung	Beispiel
dürfen	Erlaubnis	*Ich **darf** Eis essen.*
können	Möglichkeit Fähigkeit höfliche Bitte Erlaubnis	*Sie **können** das Auto abholen.* *Sie **kann** das Rätsel lösen.* ***Können** Sie mir ein Bier bringen?* *Sie **können** mein Auto nehmen.*
mögen	etwas gernhaben Möglichkeit	*Ich **mag** Himbeereis.* *Du **magst** Recht haben.*
müssen	Notwendigkeit oder Befehl oder Aufforderung	*Ich **muss** morgen wegfahren.* *Du **musst** besser aufpassen!*
sollen	Aufforderung/Befehl Vermutung/Gerücht	*Ich **soll** die Schuhe putzen.* *Sie **soll** gestohlen haben.*
wollen	Wille oder Absicht	*Sie **will** nie wieder lügen.* *Sie **will** das Abitur machen.*

! Der Konjunktiv II von ***mögen*** lautet ***möchte~*** und hat dann im Gegensatz zum Indikativ die Bedeutung von *wollen, wünschen*. ***Möchte~*** ist im eigentlichen Sinne kein Modalverb, wird aber als solches benutzt.

Die Bedeutung von *möchte~*

*Ich **möchte** einmal nach Paris (fahren).*	jemand hat einen Wunsch
*Ich **möchte** einen Tee (trinken).* *Ich **möchte** 150 Gramm Käse (kaufen).*	beim Bestellen und Einkaufen (höflich)

Im Vergleich die Bedeutung des Modalverbs *mögen*

*Ich **mag** Konfekt.*	Es schmeckt mir.
*Ich **mag** dich.*	Du gefällst mir.

Modalverben können in der gesprochenen Sprache auch ohne Infinitiv stehen, wenn aus der Situation klar hervorgeht, was gemeint ist.

*Ich **möchte** einen Tee.* – (gemeint ist: *trinken*)
*Kommst du mit? Nein, ich **kann** nicht.* – (gemeint ist: *mitkommen*)
*Ich **muss** nach Hause.* – (gemeint ist: *gehen*)

! **Wollen** kann unfreundlich wirken. Es klingt besser, wenn man sagt: *Ich möchte noch ein Bier.*

Die Negation der Modalverben

Du darfst nicht! Du sollst nicht! Das sind Sätze, die ein Verbot aussprechen. Negierte Modalverben können aber auch andere Bedeutungen haben:

Max	***darf/ soll***	*am Wochenende*	***nicht***	*Fußball spielen.*	Verbot
Paul	***kann***	*morgen*	***nicht***	*zu dir kommen.*	nicht möglich
Lea	***kann***	*noch*	***nicht***	*Auto fahren.*	nicht fähig
Ulla (Weil sie kein Werkzeug hat.)	***kann***	*die Heizung*	***nicht***	*reparieren.*	Schlussfolgerung
Vater	***möchte***	*in der Woche*	***nicht***	*helfen.*	keine Lust
Mutter	***muss***	*dafür am Sonntag*	***nicht***	*kochen.*	nicht notwendig
Spinat	***musst***	*du*	***nicht***	*essen.*	kein Zwang

Verben mit speziellen Bedeutungen

Die Bedeutung von *brauchen*

Brauchen kann – mit den Wörtern ***nur*** und ***nicht*** – wie ein Modalverb benutzt werden. Der Infinitiv wird dann mit *zu* gebildet. Es hat dann etwa die Bedeutung von ***müssen***.

Ihr **braucht nicht zu** kommen, der Unterricht fällt aus.	es ist **nicht notwendig** (nicht müssen)
Du **brauchst nur zu** klopfen, dann mache ich dir auf.	es ist **notwendig** (müssen)

Die Bedeutung von *kennen* und *wissen*

*Ich **kenne** den Fahrplan genau.* *Er **kennt** den Schaffner.*	**Erfahrungen**, die man gesammelt hat
*Ich **weiß** den Preis der Fahrkarte.* *Er **weiß**, wie teuer sie ist.*	**Wissen**, das man über eine Tatsache hat

Die Bedeutung von *lassen*

***Lassen** Sie bitte den Koffer stehen.*	eine Aufforderung aussprechen
*Die Mutter **lässt** das Haus streichen.*	einen Auftrag geben
*Er **lässt** sie zur Disco gehen.*	eine Erlaubnis geben
***Lassen** Sie das!*	ein Verbot aussprechen
*Ich **lasse** das lieber.*	etwas nicht tun
*Sie **lässt** ihn nicht gehen.*	etwas verhindern

Die Bedeutung von *werden*

Wir	***werden***	*morgen bestimmt*	*aufräumen.*	Versprechen
Ich	***werde***	*am besten gleich*	*anfangen.*	Plan
Heute	***wird***	*das Wetter noch schön*	*werden.*	Prognose
Das Taxi	***wird***	*schon pünktlich*	*kommen.*	Vermutung, Beruhigung

▶ *werden* als Hilfsverb vgl. Kapitel 6, Die Hilfsverben

Der Infinitiv

Der Infinitiv ist die Grundform des Verbs. Fast alle Infinitive setzen sich aus dem Wortstamm und der Endung ***-en*** zusammen.

*lauf**en**, spring**en**, renn**en***

Ausnahmen bilden die Verben auf: ***-ern, -eln, -n***

*wand**ern**, büg**eln**, tu**n**, sei**n***

Im Wörterbuch steht das Verb immer im Infinitiv.
• klẹt·tern ['klɛtɐn] <klettert, kletterte, geklettert> *itr* <sein> hinauf- und hinabsteigen und dabei die Hände benutzen *in den Bergen ~, auf den Baum ~*
• klị·cken ['kl□kn̩] <klickt, klickte, geklickt> *itr* **1.** ein kurzes Geräusch machen *Die Kamera klickte.* **2.** DV die Computermaus drücken K *~ Sie mit der Maus auf das Symbol!*

Der Infinitiv ohne *zu*

Infinitive benutzt man

- bei der Bildung der zusammengesetzten Zeiten: ▶ Kapitel 6
- Futur: *Sie wird morgen fahren.*
- Konjunktiv II ▶ Kapitel 6
  Ich würde gerne Schnitzel mit Gemüse essen.
- mit Modalverben: *Sie soll doch mal vorbeikommen.*
- beim Passiv: *Das Hemd sollte nicht so heiß gewaschen werden.*
  und Passiv Perfekt: *Das Hemd scheint zu heiß gewaschen worden zu sein.*

- bei Aufforderungen: *Bitte die Türen schließen.*
- bei Anweisungen: *Rauchen verboten! Zwiebeln schälen und in Stücke schneiden.*

Folgende Verben können in Verbindung mit einem Infinitiv auftreten:

bleiben	*Er **bleibt** nicht auf der Straße **stehen**.*
gehen	*Ich **gehe** jetzt in die Bar **tanzen**.*
fahren	*Sie **fährt** in die Stadt **einkaufen**.*
lernen	*Er **lernt** gerade Flöte **spielen**.*
hören	*Ich **höre** die Vögel **singen**.*
sehen	*Ihr **seht** die Blumen **wachsen**.*
lassen	*Sie **lassen** ihn noch **schlafen**.*

Infinitive als Substantive

Infinitive können auch als Substantive gebraucht werden.
Das Lesen *ist sehr entspannend.*
Das Arbeiten *am Fließband ist sehr monoton.*

Wenn ein Artikel vor dem Infinitiv steht, handelt es sich um ein Substantiv und muss deshalb großgeschrieben werden.

Der Infinitiv mit *zu*

Es gibt Verben, Substantive, Adjektive und Partizipien, nach denen ***zu*** + Infinitiv stehen kann.

*Das Kind scheint noch **zu schlafen.***
*Er hat Mühe, alles **zu verstehen.***
*Es ist nett, alten Leuten **zu helfen.***

Vor *zu* + Infinitiv kann man zum besseren Verständnis ein Komma setzen.

Verben mit *zu* + Infinitiv

1. Bei einigen Verben steht *zu* + Infinitiv an Stelle des Subjekts. Dadurch gibt es keine Wortwiederholung.

- ***meinen:***
  Er meint, er hat immer Recht. *Er meint, immer Recht **zu haben**.*

- ***sich freuen**:*
  Wir freuen uns, dass wir ihn bald wiedersehen. — *Wir freuen uns, ihn bald **wiederzusehen**.*
- ***hoffen**:*
  Er hofft, dass er bald wieder gesund ist. — *Er hofft, bald wieder gesund **zu sein**.*

Zu diesen Verben gehören außerdem:

anbieten, anfangen, aufhören, beabsichtigen, beginnen, sich bemühen, beschließen, denken an, sich entschließen, fürchten, sich gewöhnen an, glauben, planen, scheinen, vergessen, sich verlassen auf, versprechen, versuchen, vorhaben, sich weigern

2. Die Handlung des Objekts (Substantive im Genitiv, Dativ oder Akkusativ eines Satzes) wird mit *zu* + Infinitiv beschrieben.

auffordern	Handlung	Objekt	Handlung
Ich fordere dich auf,	*bringe*	*den Müll* (Akkusativ)	*weg.*
auffordern	Objekt	*zu* + Infinitiv	
Ich fordere dich auf,	*den Müll*	*wegzubringen.*	

Zu diesen Verben gehören außerdem:

anbieten, befehlen, bitten, bringen zu, einladen, empfehlen, erinnern (an), erlauben, ermöglichen, gelingen, helfen, leichtfallen, raten, schwerfallen, überreden (zu), verbieten, warnen vor

zu + Infinitiv bei Verben mit einem Verbzusatz

Zu steht zwischen dem Verbzusatz und dem Infinitiv.

aus(*zu*)arbeiten: Ich habe keine Lust, das Referat aus***zu***arbeiten.

ein(*zu*)schlafen: Er hat Schwierigkeiten ein***zu***schlafen.

Adjektive und Partizipien mit *zu* + Infinitiv

In einem Teil des Satzes steht häufig *sein* (konjugiert) + ein Adjektiv oder ein Partizip. Im zweiten Teil des Satzes steht der Infinitiv.

interessant: *Sie finden es **interessant**, sich über ihre Handys **zu unterhalten**.*
verboten: *Es ist **verboten**, den Rasen **zu betreten**.*

Zu diesen Adjektiven und Partizipien gehören außerdem:

bereit (zu), entschlossen (zu), erlaubt, erfreut (über), erstaunt, gesund/ ungesund, gewohnt/ungewohnt, gut/schlecht, höflich/unhöflich, interessant/uninteressant, leicht/schwer, nötig/unnötig, praktisch/unpraktisch, stolz (auf), richtig/falsch, überzeugt (von), wichtig/unwichtig

Substantive mit *zu* + Infinitiv

die Lust: *Ich habe* ***Lust****, heute baden* ***zu gehen****.*
der Spaß: *Es macht keinen* ***Spaß****, immer zu verlieren.*

Zu diesen Substantiven gehören außerdem:

die Absicht, die Angst (vor), die Freude, die Gelegenheit, der Grund (für), die Möglichkeit, die Mühe, das Problem, die Schwierigkeiten, die Zeit

Konjunktionen mit *zu* + Infinitiv

anstatt – *Er isst jeden Tag Schokolade,* ***anstatt*** *auf seine Diät* ***zu*** *achten.*
ohne – *Er sitzt den ganzen Tag vor dem Computer,* ***ohne*** *sich* ***zu*** *bewegen.*
um – *Ich gehe in die Schule,* ***um zu*** *lernen.*

! Vor diesen Konjunktionen mit *zu* + Infinitiv steht immer ein Komma!

▶ Kapitel 8, Die Konjunktionen

Die Partizipien

Man unterscheidet bei den Partizipien, auch Verbaladjektive genannt, zwischen Partizip I und Partizip II.
Partizipien I sind im Grunde genommen Adjektive, die aus Verben hervorgehen (**schlafend**).
Partizipien II werden aus flektierten Formen eines Verbs gebildet (**geschlafen**). Beide werden wie Adjektive dekliniert.
Manchmal hört man auch die Ausdrücke „Partizip Präsens“ und „Partizip Perfekt“. Diese sind aber irreführend und werden daher nicht verwendet, da mit den Partizipien keine Zeitformen zum Ausdruck kommen.

Der ***lesende*** *Mann will nicht gestört werden.* (Nominativ)
Dem ***lesenden*** *Mann gehört die Brille.* (Dativ)

Die Personalformen des Verbs

Wenn sich das Verb nach Person und Numerus verändert, spricht man von den **finiten Verbformen.** Für die einzelnen Personalformen gibt es bestimmte Endungen, die an den Verbstamm gehängt werden. Allerdings gibt es Unterschiede für regelmäßige und unregelmäßige Verben. Zunächst werden die Verben im Präsens (Gegenwart) dargestellt.

Die Personalformen des regelmäßigen Verbs

Das regelmäßige Verb hat feste Endungen für die einzelnen Personen im Singular und Plural.

	Singular	**typische Endung**	**Plural**	**typische Endung**
1. Person	*ich wohne*	***-e***	*wir wohnen*	***-en***
2. Person	*du wohnst*	***-st***	*ihr wohnt*	***-t***
3. Person	*er/sie/es wohnt*	***-t***	*sie wohnen*	***-en***

! Wenn der Verbstamm auf ***-d, -t,*** auf ***-ln*** oder ***-s, -ß*** endet, gibt es kleine Abweichungen zur Tabelle, damit man die Verben besser aussprechen kann.

+ *e*: *arbeiten: du arbeit**e**st, er arbeit**e**t, ihr arbeit**e**t*

~~*e*~~: *sammeln: ich sammle*

~~*s*~~: *heißen: du heißt*

Die Personalformen des unregelmäßigen Verbs

Einige unregelmäßige Verben folgen im Präsens dem Schema der regelmäßigen Verben. Andere ändern den Stammvokal in der zweiten und dritten Person Singular.

fallen	**laufen**	**helfen**	**lesen**	**stoßen**	**nehmen**
a – ä	**au – äu**	**e – i**	**e – ie**	**o – ö**	**e – i, h – m!**
ich falle	ich laufe	ich helfe	ich lese	ich stoße	ich nehme
du f**ä**llst	du l**äu**fst	du h**i**lfst	du l**ie**st	du st**ö**ßt	du n**imm**st
er f**ä**llt	er l**äu**ft	er h**i**lft	er l**ie**st	er st**ö**ßt	er n**imm**t
wir fallen	wir laufen	wir helfen	wir lesen	wir stoßen	wir nehmen
ihr fallt	ihr lauft	ihr helft	ihr lest	ihr stoßt	ihr nehmt
sie fallen	sie laufen	sie helfen	sie lesen	sie stoßen	sie nehmen

Leicht gemerkt!

Das Wichtigste zum Verb:

Transitiv – Intransitiv:
Transitive Verben haben ein Akkusativobjekt:
*Sie mag **ihn**.*
Intransitive Verben ein Dativ-, Genitiv-, Präpositional- oder gar kein Objekt:
*Er hilft **ihr**., Wir gedenken **der Toten**., Sprich **mit ihr**., Er schläft.*

Verbzusätze: Trennbar oder nicht?
Verbzusatz betont → trennbar: **ein**kaufen – Ich **kaufe** noch schnell was **ein**.
Verbzusatz unbetont → nicht trennbar: verkaufen – Ich **verkaufe** mein Auto.
Merken Sie sich einfach: **nicht** betont = **nicht** trennbar!

Mit **sein**, **haben** und **werden** bildet man zusammengesetzte Zeiten und das Passiv („Hilfsverben"), sie können aber auch Vollverben sein.

Die Modalverben **dürfen**, **können**, **müssen**, **sollen**, **wollen** und **mögen** stehen meist mit anderen Verben, die dann im Infinitiv am Satzende stehen. *Du **kannst** mein Fahrrad **nehmen**.*

Regelmäßige („schwache") Verben:
- Verbstamm ändert sich nicht
- Präteritum auf **-te**
- Partizip II auf **-t**

Unregelmäßige („starke") Verben:
- Verbstamm ändert sich (Vokal)
- Präteritum meist endungslos
- Partizip II auf **-en**

Merken Sie sich von den Verben die drei Stammformen
Infinitiv – Präteritum – Partizip II
helfen – half – geholfen

Die Tempora

Handlungen und Geschehen können in verschiedenen Zeiten stattfinden:

in der Gegenwart – es passiert im Moment
in der Vergangenheit – das Geschehen ist vorbei
in der Zukunft – das Geschehen kommt noch

Im Deutschen wird das zeitliche Geschehen in sechs verschiedenen Tempora ausgedrückt.

Vergangenheit			**Gegenwart**	**Zukunft**	
Plusquam-perfekt	Präteritum	Perfekt	Präsens	Futur I	Futur II
ich hatte gelesen	*ich las*	*ich habe gelesen*	*ich lese*	*ich werde lesen*	*ich werde gelesen haben*

Das Präsens, das Präteritum und das Futur gehören zu den drei einfachen Tempora.
Das Perfekt, das Plusquamperfekt und das Futur II beziehen sich auf die einfachen Tempora. Aufgrund ihrer Bildung mit den Hilfsverben *haben, sein, werden* und dem Partizip II nennt man sie auch zusammengesetzte Tempora.

einfache Tempora	**zusammengesetzte Tempora**
Präsens *ich male*	Perfekt *ich habe gemalt*
Präteritum *ich malte*	Plusquamperfekt *ich hatte gemalt*
Futur I *ich werde malen*	Futur II *ich werde gemalt haben*

Die Tempora haben verschiedene Aufgaben bei der zeitlichen Darstellung von Handlungen oder Geschehen.

Das Präsens

Das Präsens bezeichnet primär ein Geschehen in der Gegenwart. Es gibt jedoch einige Möglichkeiten, die Gegenwart zu modifizieren.

Es geschieht im Moment.	*Er wäscht das Auto.*
Es geschieht immer so.	*Ich stehe jeden Morgen um 6 Uhr auf.*
Etwas gilt immer.	*Die Woche hat sieben Tage.*
Etwas Vergangenes soll in Gedanken wieder gegenwärtig werden.	*Wir waren 1980 in Paris. Ich sehe uns noch auf dem Eiffelturm stehen.*
Etwas, was früher begann, dauert bis jetzt an.	*Ich lebe seit drei Monaten in Deutschland.*
Etwas geschieht in der Zukunft.	*Morgen ziehe ich in die neue Wohnung.*

Die Bildung des Präsens

Die Formen der regelmäßigen und unregelmäßigen Verben, die bereits beschrieben wurden, entsprechen dem Präsens. ▶ Kapitel 6, Die regelmäßigen und die unregelmäßigen Verben, S. 81

Die Personalformen von *haben, sein* und *werden* im Präsens

	haben	***sein***	***werden***
Singular			
1. Person	*ich habe*	*ich bin*	*ich werde*
2. Person	*du hast*	*du bist*	*du wirst*
3. Person	*er/sie/es hat*	*er/sie/es ist*	*er/sie/es wird*
Plural			
1. Person	*wir haben*	*wir sind*	*wir werden*
2. Person	*ihr habt*	*ihr seid*	*ihr werdet*
3. Person	*sie haben*	*sie sind*	*sie werden*

Die Modalverben im Präsens

können	**wollen**	**dürfen**	**sollen**	**mögen**	**müssen**
ich kann	*ich will*	*ich darf*	*ich soll*	*ich mag*	*ich muss*
du kannst	*du willst*	*du darfst*	*du sollst*	*du magst*	*du musst*
er kann	*er will*	*er darf*	*er soll*	*er mag*	*er muss*
wir können	*wir wollen*	*wir dürfen*	*wir sollen*	*wir mögen*	*wir müssen*
ihr könnt	*ihr wollt*	*ihr dürft*	*ihr sollt*	*ihr mögt*	*ihr müsst*
sie können	*sie wollen*	*sie dürfen*	*sie sollen*	*sie mögen*	*sie müssen*

Das Perfekt

Das Perfekt bezeichnet ein vergangenes Geschehen, das bis in die Gegenwart reicht. Es wird vor allem in der gesprochenen Sprache, aber auch in Briefen oder Artikeln benutzt.

12.00 Uhr 12.30 Uhr

Perfekt → Präsens

Wir haben um 12 Uhr angefangen Mittag zu essen.

Das Perfekt zeigt an, dass das Geschehen noch anhält. (Wir essen immer noch.)

Das Perfekt kann aber auch ein Geschehen ausdrücken, das vor der Gegenwart liegt.

Vorzeitigkeit Gegenwart

Perfekt ← Präsens

Er ist zur Schwimmhalle gefahren, wo er jetzt trainiert.

In der Umgangssprache wird das Perfekt meist auch benutzt, wenn das Präteritum gemeint ist. *Ihr habt abgewaschen* klingt viel besser als *Ihr wuscht ab.*

Die Bildung des Perfekts

Das Perfekt wird mit Hilfe der Personalformen von *haben* oder *sein* im Präsens und dem Partizip II des Verbs gebildet.

Man unterscheidet:

regelmäßige Verben ***ge-*** + Verbstamm + ***-t*** (***-et*** bei ***-d*** **,** ***-t***, am Ende des Verbstamms)	**unregelmäßige Verben** ***ge-*** + Verbstamm + ***-en*** Änderung von Vokal und Konsonant möglich	**Mischformen** ***ge-*** + Verbstamm + ***-t*** und Änderung des Stammvokals
*reisen – **ge**reis**t***	*sehen – **ge**seh**en***	*denken – **ge**dach**t***
*leisten – **ge**leist**et***	*helfen – **ge**holf**en***	*kennen – **ge**kann**t***
*schmecken – **ge**-schmeck**t***	*beißen – **ge**biss**en***	*wissen – **ge**wuss**t***

Das Perfekt mit *haben* und *sein*

Das Perfekt wird mit *haben* oder *sein* gebildet. Welches Hilfsverb benutzt wird, hängt vom Vollverb ab.

Das Perfekt mit *haben*

Die meisten Verben bilden das Perfekt mit **haben.**

*Die Opernsängerin **hat** furchtbar **gesungen**.*

- besonders Verben mit Akkusativobjekt

  *Wann **hast** du dieses Buch **gelesen**?*

- reflexive Verben

  *Er **hat sich** sehr **geschämt**.*

Das Perfekt mit *sein*

Die restlichen Verben bilden das Perfekt mit *sein*.

- Verben der Ortsveränderung A → B

  *Das Kind **ist** in die Küche **gelaufen**.*

- Verben, die sich auf eine Zustandsänderung beziehen

  *Er **ist** plötzlich aufgestanden.*

- *sein* und *bleiben* und *werden*

  *Er **ist** in der Speisekammer **gewesen**.*
  *Er **ist** dort **geblieben**, bis kein Fleischklößchen mehr da war.*
  *Zum Schluss **ist** ihm schlecht **geworden**.*

! Manche Verben können das Perfekt mit *sein* und *haben* bilden. Es handelt sich dann um regionale Besonderheiten.
*Ich **habe** gesessen.* (norddeutsch)
*Ich **bin** gesessen.* (österreichisch und süddeutsch)

Das Perfekt der Modalverben

Das Perfekt der Modalverben wird mit *haben* gebildet. Es wird selten benutzt. Gebräuchlicher ist das Präteritum.

Perfekt	**Präteritum**
*Ich habe gestern nicht fernsehen **können**. (nicht: gekonnt!)*	*Ich **konnte** gestern nicht **fernsehen**.*
Modalverb im Infinitiv	Modalverb + Vollverb

*Sie **hat** den Salat gern **gemocht**.*	*Sie **mochte** ihn gern.*
*Er **hat** das wirklich **gewollt**.*	*Er **wollte** das wirklich!*
Modalverb im Partizip II	nur Modalverb

! Das Perfekt der anderen Modalverben wird ebenso gebildet (entweder mit Infinitiv oder Partizip II).

Das Perfekt von Verben + Infinitiv

Sie bilden das Perfekt wie alle anderen Verben mit einer Personalform von *haben* oder *sein* und mit dem Partizip II. Der Infinitiv bleibt erhalten:

Präsens: *Bei dem schönen Wetter gehen wir spazieren.*
Perfekt: *Bei dem schönen Wetter* ***sind*** *wir heute* ***spazieren gegangen.***

! Allerdings gibt es folgende Ausnahmen: Bei den Verben *hören, sehen* und *lassen* steht anstelle des Partizips der Infinitiv.

hören – *Der Chorleiter hat den Jungen singen* ***hören.***
(**nicht**: *gehört*)
sehen – *Den Streit habe ich kommen* ***sehen.***
(**nicht**: *gesehen*)
lassen – *Wir haben das Haus wieder aufbauen* ***lassen.***
(**nicht**: *gelassen*)

Das Perfekt der Verben mit der Endung -ieren

Hierbei handelt es sich um Verben, die aus anderen Sprachen übernommen wurden. Diese Verben haben kein ***-ge-*** im Perfekt.

passieren: *Ihm ist bei dem Unfall nichts* ***passiert.***
probieren: *Er hat den Kuchen* ***probiert.***
studieren: *Er hat in Dresden* ***studiert.***

Das Perfekt von Verben mit Verbzusätzen

Bei diesen Verben muss man zwischen trennbaren und untrennbaren Präfixen des Verbs unterscheiden.

trennbarer Verbzusatz	**untrennbarer Verbzusatz**
-ge- zwischen Präfix und Verb	ohne ***-ge-***
Er hat zu***ge***hört.	Der Dirigent hat das Konzert nicht ***wieder***holt.
Sie ist nicht weg***ge***laufen.	Die Sängerin hat sich sehr ***er***schrocken.

Das Präteritum

Das Präteritum liegt zeitlich vor dem Perfekt. Es beschreibt ein abgeschlossenes vergangenes Geschehen. Man verwendet es besonders in der Schriftsprache, zum Beispiel in Märchen:

Eine arme Witwe ***lebte*** *einsam in einer Hütte. Vor der Hütte war ein Garten, darin* ***standen*** *zwei Rosenbäumchen ...*

Die Bildung des Präteritums

Bei der Bildung muss wieder nach regelmäßigen und unregelmäßigen Verben unterschieden werden.

Das Präteritum der regelmäßigen Verben:
Verbstamm + ***-te*** + Personalendung (***-ete*** nach ***-d, -t***)
Die unregelmäßigen Verben haben eigene Personalendungen.
Außerdem ändert sich im Präteritum meistens der Stammvokal.
▶ Kapitel 6, Die unregelmäßigen Verben, Liste der unregelmäßigen Verben im Anhang

regelmäßige Verben		**typische Verbendungen**		**unregelmäßige Verben**	
wohnen	*reden*	regelmäßig	unregelmäßig	*gehen*	*hinbringen*
ich wohnte	*ich redete*	***-te***	- oder ***-te***	*ich ging*	*ich brachte hin*
du wohntest	*du redetest*	***-test***	***-st*** oder ***-test***	*du gingst*	*du brachtest hin*
er wohnte	*er redete*	***-te***	- oder ***-te***	*er ging*	*er brachte hin*
wir wohnten	*wir redeten*	***-ten***	***-en*** oder ***-ten***	*wir gingen*	*wir brachten hin*
ihr wohntet	*ihr redetet*	***-tet***	***-t*** oder-***tet***	*ihr gingt*	*ihr brachtet hin*
sie wohnten	*sie redeten*	***-ten***	***-en*** oder ***-ten***	*sie gingen*	*sie brachten hin*

Das Präteritum von *haben, sein* und *werden*

haben	***sein***	***werden***
ich hatte	*ich war*	*ich wurde*
du hattest	*du warst*	*du wurdest*
er hatte	*er war*	*er wurde*
wir hatten	*wir waren*	*wir wurden*
ihr hattet	*ihr wart*	*ihr wurdet*
sie hatten	*sie waren*	*sie wurden*

Das Präteritum der Modalverben

Die Modalverben ***können, wollen, müssen, dürfen, sollen, mögen*** bilden das Präteritum wie die regelmäßigen Verben. Sie haben hier allerdings keinen Umlaut wie im Präsens.

	können	***wollen***	***müssen***	***dürfen***	***sollen***	***mögen***
ich	*konnte*	*wollte*	*musste*	*durfte*	*sollte*	*mochte*
du	*konntest*	*wolltest*	*musstest*	*durftest*	*solltest*	*mochtest*
er/sie/es	*konnte*	*wollte*	*musste*	*durfte*	*sollte*	*mochte*
wir	*konnten*	*wollten*	*mussten*	*durften*	*sollten*	*mochten*
ihr	*konntet*	*wolltet*	*musstet*	*durftet*	*solltet*	*mochtet*
sie	*konnten*	*wollten*	*mussten*	*durften*	*sollten*	*mochten*

	Konjunktiv I Präsens
Das Kind sagte, ...	*es **habe** Bauchschmerzen.*
Die Eltern haben gedacht, ...	*dass es krank **sei**.*
	Konjunktiv I Futur
Die Politiker versprachen, ...	*dass sich die Wirtschaft bald **erholen werde**.*

Bei Aufforderungen oder Gebrauchsanweisungen liest man gelegentlich noch den Konjunktiv I,

- zum Beispiel in älteren Koch- und Backbüchern:
  Man nehme drei Eier und schlage sie in eine Schüssel.
- auf Packungsbeilagen von Medikamenten:
  Man nehme täglich drei Tropfen.
- oder in rhetorischen und religiösen Aussagen voller Pathos:
  Es lebe der König!
  Wer ohne Sünde ist, der werfe den ersten Stein.

Der Konjunktiv I wird hauptsächlich in schriftlichen Texten verwendet. In der Umgangssprache bevorzugt man den Konjunktiv II oder ***würde*** + Infinitiv.
Er zeigte mir das neue Sofa und sagte, es wäre sehr bequem.
Wenn der Konjunktiv I außerhalb der offiziellen Sprache gebraucht wird, dann meist nur im Präsens.

Die Bildung des Konjunktivs I

Der Konjunktiv I Präsens wird vom Infinitiv des Verbs abgeleitet. Oft kann man die Formen des Konjunktivs jedoch nicht von denen des Indikativs Präsens unterscheiden.

Typisch sind die Verbendung ***-e*** in der ersten und dritten Person Singular (außer *sei*) sowie der ***e***-Einschub in der 2. Person Singular und Plural. Der Vokal ändert sich nicht.

Indikativ Präsens regelmäßig/unregelmäßig	**typische Endung**	**Konjunktiv I**	**typische Endung**
ich höre, ich rufe	***-e***	*ich höre, ich rufe*	***-e***
du hörst, du rufst	***-st***	*du hör**e**st, du ruf**e**st*	***-est***
er hört, er ruft	***-t***	*er hör**e**, er ruf**e***	***-e***
wir hören, wir rufen	***-en***	*wir hören, wir rufen*	***-en***
ihr hört, ihr ruft	***-t***	*ihr hör**e**t, ihr ruf**e**t*	***-et***
sie hören, sie rufen	***-en***	*sie hören, sie rufen*	***-en***

! Bei Formen, die sich nicht unterscheiden, benutzt man als Ersatz den Konjunktiv II oder ***würde*** + Infinitiv.

Die gebräuchlichsten Formen des Konjunktivs I

	Hilfsverben			**Modalverben**		**Bei regelmäßigen Verben**	**Bei unregelmäßigen Verben**	
	sein	*haben*	*werden*	*müssen*	*wollen*	*kaufen*	*lassen*	*wissen*
ich	*sei*			*müss**e***	*woll**e***			*wiss**e***
du	*seist*							
er/sie/es	*sei*	*hab**e***	*werd**e***	*müss**e***	*woll**e***	*kauf**e***	*lass**e***	*wiss**e***
wir	*seien*							
ihr								
sie	*seien*							

Die Bildung des Konjunktivs I Perfekt und Futur

Konjunktiv I Perfekt:

Der Bäcker sagte, er habe heute keine Brötchen gebacken.

Er wird mit dem Konjunktiv I von *haben* oder *sein* + Partizip II des Vollverbs gebildet.

ich sei gekommen, er habe gegeben

! In der 1. Person Singular sowie in der 1. und 3. Person Plural benutzt man statt des Konjunktivs I den Konjunktiv II von *haben*.

ich hätte gegeben, wir hätten gegeben, sie hätten gegeben

Konjunktiv I Futur:

Die Kollegin sagte, sie werde morgen pünktlich sein.

Er wird mit dem Konjunktiv I von *werden* + Infinitiv des Vollverbs gebildet.

er werde kommen, er werde geben

In der 1. Person Singular sowie in den Pluralformen verwendet man jedoch den Konjunktiv II von *werden*.

ich würde geben, wir würden geben, ihr würdet geben, sie würden geben

In der Umgangssprache wird der Konjunktiv I selten benutzt. Es ist nur wichtig, ihn in Texten zu erkennen, um die Absicht des Autors oder Sprechers zu verstehen.

Der Konjunktiv II

Mit dem Konjunktiv II wird etwas Irreales oder Gedachtes ausgedrückt.

Indikativ	**Konjunktiv II**
Ich bin gern Tänzerin.	*Ich **wäre** gern Tänzerin.*
Ich fliege oft nach Australien, weil ich Pilot bin.	*Wenn ich Pilot **wäre**, **würde** ich oft nach Australien fliegen.*

- Es können **Bedingungen** ausgedrückt werden.
  ***Wenn** ich viel Geld **hätte,** würde ich nicht mehr arbeiten.*
- Es kann ein **höflicher Wunsch** ausgedrückt werden.
  *Ich **hätte** gern noch eine Tasse Kaffee.*
  Könnten** Sie mir bitte Zucker **bringen?
  ***Wären** Sie so nett, mir noch ein Glas Sekt zu bringen?*
- Es kann aber auch eine **vorsichtige Vermutung** formuliert werden.
  *Es **könnte sein**, dass er Recht hat.*
- Man kann jemandem **einen Rat geben**.
  *Mit deinem Wohnungsproblem **würde** ich zum Mieterbund **gehen**.*
  *Du **solltest** mehr auf deine Figur **achten**.*
- Man kann etwas **vergleichen**.
  *Sie tat so, als ob sie nichts **wüsste**.*

Man verwendet den Konjunktiv II in der **indirekten Rede**, wenn die Formen von Indikativ und Konjunktiv I gleich sind, damit es keine Missverständnisse gibt:
Konjunktiv II: *Der Lehrer sagte, die Kinder* ***müssten*** *besser aufpassen.*
Konjunktiv I/Indikativ: *Der Lehrer sagte, die Kinder* ***müssen*** *besser aufpassen.*

Die Bildung des Konjunktivs II

Bei der Bildung des Konjunktivs II muss man zwischen regelmäßigen und unregelmäßigen Verben unterscheiden.

Die Formenbildung bei regelmäßigen Verben:

Matthias ***würde*** *gerne seine Tante* ***besuchen****.*

Bildung: Konjunktiv II von **werden** + Infinitiv.
ich ***würde kochen****, ich* ***würde reden***

Diese Form sollten Sie aktiv beherrschen, denn sie wird häufig gebraucht.

Die Verben *sollen* und *wollen* sind zwar regelmäßig, werden jedoch meist ohne die Umschreibung mit *würde* verwendet.
Wenn du es wirklich ***wolltest****, würdest du es tun.*
Ich finde, er ***sollte*** *besser auf seine Figur achten.*

Die Formenbildung bei unregelmäßigen Verben:

Wir waren der Meinung, er ***verlöre*** *den Prozess.*

Bildung: 2. Stammform + Endungen des Konjunktivs I. Die Vokale ***a, o, u*** werden zu ***ä, ö, ü***.
*ich k**a**m → ich k**ä**me, du k**ä**mest, er k**ä**me, wir k**ä**men, ihr k**ä**met, sie k**ä**men*
*ich z**o**g → ich z**ö**ge, du z**ö**gest, er z**ö**ge, wir z**ö**gen, ihr z**ö**get, sie z**ö**gen*
*ich tr**u**g → ich tr**ü**ge, du tr**ü**gest, er tr**ü**ge, wir tr**ü**gen, ihr tr**ü**get, sie tr**ü**gen*

Verbendungen des Konjunktivs II der unregelmäßigen Verben:

ich	*du*	*er/sie/es*	*wir*	*ihr*	*sie*
-e	***-(e)st***	***-e***	***-en***	***-(e)t***	***-en***

Besonders gebräuchlich sind die Formen des Konjunktivs II bei folgenden Verben:

	haben	**sein**	**werden**	**bleiben**	**dürfen**
ich	*hätte*	*wäre*	*würde*	*bliebe*	*dürfte*
du	*hättest*	*wär(e)st*	*würdest*	*bliebest*	*dürftest*
er/sie/es	*hätte*	*wäre*	*würde*	*bliebe*	*dürfte*
wir	*hätten*	*wären*	*würden*	*blieben*	*dürften*
ihr	*hättet*	*wär(e)t*	*würdet*	*bliebet*	*dürftet*
sie	*hätten*	*wären*	*würden*	*blieben*	*dürften*

Außerdem treten die Konjunktiv-II-Formen noch bei folgenden Verben häufig auf:

gehen: *ich ginge ...* lassen: *ich ließe ...*
müssen: *ich müsste ...* wissen: *ich wüsste ...*

- Bei anderen unregelmäßigen Verben verwendet man meist *würde* + *Infinitiv.*

  *Wir **würden** zu Weihnachten in der Kirche **singen.***

Konjunktiv II Plusquamperfekt

Im Konjunktiv II gibt es nur eine Vergangenheitsform. Sie wird mit dem **Konjunktiv II** von *haben* und *sein* und dem **Partizip II** des Verbs gebildet.

*Ich **wäre** glücklich **gewesen**, wenn er mich **besucht hätte**.*

Leicht gemerkt!

Sie merken sich:

Konjunktiv II: sehr wichtig

bei Bedingungen, Wünschen, Vermutungen etc., auch indirekte Rede

Konjunktiv I: nicht so wichtig
vor allem in schriftlichen Texten, bei indirekter Rede und altertümlichen Formulierungen

Sie kennen vielleicht folgendes Sprüchlein:

Wenn das Wörtchen „wenn" nicht wär,
wär mein Vater Millionär,
meine Mutter Königin
und ich säß mittendrin.

Was könnte noch alles sein ohne das Wörtchen *wenn*? Denken Sie sich weitere Möglichkeiten aus. Fangen Sie ruhig an zu träumen ...

Sie brauchen dazu zwei sechsseitige Würfel. Den einen müssen Sie ein bisschen präparieren und auf jede Würfelseite mit Papier eine der folgenden Zeitformen kleben: Präsens, Perfekt, Präteritum, Futur und die Modi Imperativ und Konjunktiv II. Denken Sie sich nun ein unregelmäßiges Verb und würfeln Sie mit beiden Würfeln. Der normale Würfel gibt die Person vor (1=**ich**, 2=**du** etc.), der Zeitenwürfel die entsprechende Zeitform. Bilden Sie die korrekte Form und auf zur nächsten Runde! Viel Spaß!

Der Imperativ

Der Imperativ steht im Satz an erster Stelle. Eine Person (Name oder Personalpronomen) wird außer bei der höflichen Anrede nicht genannt. Als Satzzeichen wird das Ausrufezeichen verwendet.
Den Imperativ braucht man, um

einen **Befehl** zu geben

Sitz!

eine **Bitte oder Aufforderung** auszusprechen

Komm bitte her!

einen **Rat** zu geben

Hör doch mit dem Rauchen auf!

einen **Wunsch** auszudrücken

Komm gut nach Hause!

Der Unterschied zwischen Bitte, Aufforderung und Befehl liegt oft in der Intonation und dem Wörtchen „bitte".

Die Bildung des Imperativs

Es gibt drei Formen des Imperativs:

Person	Imperativ
2. Person Singular	***Mach*** *bitte die Tür zu!*
2. Person Plural	***Lauft*** *doch schneller!*
höfliche Anrede (Sie)	***Legen*** *Sie den Gurt* ***an****!*

Imperativ 2. Person Singular:
Präsensstamm ohne das Pronomen ***du***; wird ein **-e** angehängt, klingt es etwas gehobener, manchmal aber auch holpriger, z. B. ***Höre! – Hör!***
Beachten Sie:
- **Stammvokaländerung** gilt auch hier: **helfen** – ***Hilf mir!***
- Endet der Stamm auf **-d**, **-t**, **-eln** oder **-ern**, wird ein **-e** angehängt: ***Sichte das Material!***; ***Bügle!***; ***Wandere!*** (Das **-e-** bei Verben auf **-eln** entfällt, umgangssprachlich aber auch **Bügel das Hemd!**, **Zappel nicht so rum!**)
- Endet der Stamm auf **Konsonant + m** oder **n**, wird ein **-e** angehängt (außer der Konsonant ist ein **m**, **n**, **l**, **r**, **h**): ***Atme!***, aber: ***Renn!***

Imperativ 2. Person Plural:
entspricht der 2. Person Plural Präsens, ohne das Pronomen ***ihr***: ***Geht!***

Imperativ der höflichen Anrede mit ***Sie***:
entspricht dem Infinitiv des Verbs, das Pronomen ***Sie*** steht dahinter: ***Kommen Sie!***

Besondere Formen:

	du	***ihr***	***Sie***
haben	***Hab*** *doch Geduld!*		
sein	***Sei*** *nicht so laut!*	***Seid*** *doch nicht böse!*	***Seien*** *Sie nicht so leichtsinnig!*
werden	***Werd(e)*** *glücklich!*		

Der Imperativ bei Verben mit trennbarem Verbzusatz

abwaschen – ***Wasch*** *jetzt bitte* ***ab!***
weggehen – ***Geh weg!***

Der Verbzusatz steht am Ende des Satzes.

Aufforderungen, Ratschläge usw. können auch mit anderen grammatischen Mitteln wie Infinitiven oder Modalverben ausgedrückt werden.

Das Passiv

Ein Geschehen kann aus zwei Perspektiven betrachtet werden:

Das Aktiv:

Ich gieße die Blumen.

Das Passiv:

Die Blumen werden gegossen.

Beim **Aktiv** steht die handelnde Person im Mittelpunkt, beim **Passiv** der Vorgang selbst. Da die Person nicht so wichtig ist, muss sie auch nicht genannt werden. Soll eine handelnde Person genannt werden, steht sie in Verbindung mit der Präposition ***von***.

Die Blumen werden ***von*** *mir gegossen.*

Manchmal benutzt man auch die Präposition ***durch***.

Das Kind wurde ***durch*** *die Feuerwehr gerettet.*

Auch Sätze mit unpersönlichem ***es*** können im Passiv vorkommen.
► Kapitel 3, Der Gebrauch des Pronomens ***es***

Es *muss heute noch aufgeräumt werden.*

Es gibt zwei Formen des Passivs:

das Vorgangspassiv	das Zustandspassiv
Die Waschmaschine ***wird repariert.***	*Die Waschmaschine* ***ist repariert.***
Der Ablauf der Handlung ist wichtig.	Der Zustand nach der Handlung ist wichtig.
Bildung: mit einer Personalform von *werden*	Bildung: mit einer Personalform von *sein*

Das Vorgangspassiv wird häufiger als das Zustandspassiv benutzt.

Das Passiv findet man vor allem in Sach- und Fachtexten. Man beschreibt mit dem Passiv, was mit einer Person oder Sache gemacht wird.

Die Bildung des Passivs

Die meisten transitiven Verben können das Passiv bilden.

*Der Monteur **repariert** die Waschmaschine.*
*Die Waschmaschine **wird** vom Monteur **repariert**.*

Das Präsens

Das Vorgangspassiv wird mit einer Personalform von ***werden* + Partizip II** gebildet.

*Der Müll **wird** jede Woche **abgeholt**.*

*Nach dem Essen **wird** das Baby **gewickelt**.*

Das Zustandspassiv wird mit einer Personalform von ***sein* + Partizip II** gebildet.

*Der Mülleimer **ist gesäubert**.*

*Jetzt **ist** es **gewickelt**.*

Das Präteritum

Das Vorgangspassiv wird mit einer Personalform von ***werden* im Präteritum + Partizip II** gebildet.

*Die Krankenschwester **wurde gerufen**.*

*Wir **wurden benachrichtigt**.*

Das Zustandspassiv wird mit einer Personalform von ***sein* im Präteritum + Partizip II** gebildet.

*Die Wunde **war gereinigt**.*

*Der Operationssaal **war** schon **vorbereitet**.*

Das Perfekt

Das Vorgangspassiv wird mit einer Personalform von ***sein* + Partizip II + *worden*** gebildet.

! Das Partizip Perfekt von ***werden*** ist im Passiv ***worden*** (**nicht:** *geworden*)
*Der Fußballer **ist** für die Nationalmannschaft **ausgesucht worden**.*

Das Zustandspassiv wird mit einer Personalform von ***sein* + Partizip II + *gewesen*** gebildet. Es wird aber nicht häufig verwendet.

Das Plusquamperfekt

Das Vorgangspassiv wird mit einer Personalform im **Präteritum von *sein* + Partizip II + *worden*** gebildet.

*Der Torwart **war** mehrmals vom Ball **getroffen worden**.*
*Wir **waren** vom Regen **überrascht worden**.*

Das Zustandspassiv wird mit einer Personalform von ***sein* im Präteritum + Partizip II + *gewesen*** gebildet. Es wird aber kaum benutzt.

*Der Supermarkt **war geöffnet gewesen**.*

Das Futur I

Das Vorgangspassiv wird mit einer Personalform von ***werden* + Partizip II + Infinitiv von *werden*** gebildet.

*Wir **werden** für die Generalprobe **angekleidet werden**.*

Das Zustandspassiv wird mit einer Personalform von ***werden* + Partizip II + *sein*** gebildet.

*Die Haustür **wird geschlossen sein**.*

Das Futur II

Das Vorgangspassiv wird mit einer Personalform von ***werden* + Partizip II + *worden sein*** gebildet.

*Die Haustür **wird geöffnet worden sein**.*

Das Zustandspassiv wird mit einer Personalform von ***werden* + Partizip II + *gewesen sein*** gebildet.

*Die Haustür **wird geschlossen gewesen sein**.*

Das Passiv des Konjunktivs I

Präsens: Es wird mit dem **Konjunktiv I von *werden* + Partizip II** gebildet.

*Die Verkäuferin sagte, der Computer **werde gebracht**.*

Perfekt: Es wird mit dem **Konjunktiv I von *sein* + Partizip II + *worden*** gebildet.

*Die Verkäuferin sagte, der Computer **sei gebracht worden**.*

Das Passiv des Konjunktivs II

Präsens: Es wird mit dem **Konjunktiv II von *werden* (*würd~*)** + **Partizip II** gebildet.

*Der Computer **würde gebracht**, wenn genug Personal da wäre.*

Perfekt: Es wird mit dem **Konjunktiv II von *sein* (*wär~*) + Partizip II** + ***worden*** gebildet.

*Der Computer **wäre gebracht worden**, wenn ...*

Das Passiv bei Modalverben

Es wird mit einer **Personalform des Modalverbs** + **Partizip II** + **Infinitiv von *werden*** gebildet.

*Das Kind **muss** von seinem Mathelehrer mehr **gefördert werden**.*

*Die Türen dürfen nicht **geschlossen werden**.*

Mit ***man*** erzielt man ebenfalls eine passivähnliche Bedeutung des Satzes.
Bei ***man*** ist es nicht wichtig, um wen es sich handelt.
***Man** kann die Tatsache leider nicht ändern.*
Passiv: *Die Tatsache kann leider nicht geändert werden.*
***Man** hat ihm geschrieben, dass er Steuern bezahlen muss.*
Passiv: *Ihm wurde geschrieben, dass er Steuern bezahlen muss.*

7 Die Wortbildung

Eine Sprache ist etwas Lebendiges, etwas, das sich ständig verändert. Unbrauchbar gewordene Wörter verschwinden aus dem Sprachschatz und neue Wörter kommen dafür hinzu.
Grundlage der Wortbildung ist meist ein bekanntes Wort, das verändert oder einfach mit einem anderen kombiniert wird. So entstehen ständig neue Wörter.
Verschiedene Wortarten können in einer Wortfamilie zusammenkommen, deren Grundlage ein und dasselbe Wort ist.

Verben
***arbeit**en*
*ver**arbeit**en*
*er**arbeit**en*

Adjektive
***arbeit**sam*
***arbeit**sreich*

Die Grundlage der Wortbildung bildet der Wortstamm **arbeit-**

Substantive
*der **Arbeit**nehmer*
*die Ver**arbeit**ung*
*die **Arbeit**serlaubnis*
*das **Arbeit**sverhältnis*
*die Heim**arbeit***
*der Mit**arbeit**er*

Wer das Basiswort einer Wortfamilie versteht, kann sich die Bedeutung der anderen Wörter leicht erschließen und so auf einfache Weise seinen Wortschatz schnell erweitern.

Es gibt zwei Möglichkeiten der Wortbildung:
- die Ableitung: ***ver**kaufen*, ***ein**kaufen*, *käuf**lich***, *kauf**bar***
- die Zusammensetzung: *der Kauf**mann***, *der Kauf**rausch***, *kauf**männisch***

Die Ableitungen

Ableitungen werden gebildet aus dem Wortstamm und
- einem Präfix: ***ver**reisen* (***ver~*** kann nicht alleine stehen)
- einem Verbzusatz: ***ab**reisen* (***ab*** kann alleine stehen)
  ▶ Kapitel 7, Die Ableitungen mit Verbzusätzen
- einem Suffix: *stein**ig*** (***-ig*** kann nicht alleine stehen)

Durch Ableitungen können die Wortarten wechseln:

krank – Krankheit, Schrift – schriftlich

Der Stammvokal kann dabei wechseln:
*finden – F**u**ndbüro*
*d**e**nken – Ged**a**nke*

... oder es kommt zu einem Wechsel zwischen Vokal und Umlaut:

*h**o**ch – die H**ö**he*
*l**a**ufen – der L**ä**ufer*

Die Ableitungen mit Präfixen

Präfixe sind untrennbare Vorsilben, die nicht alleine stehen können.
► Kapitel 6, Verben mit Zusätzen
Sie geben dem Wort aber eine ganz bestimmte Bedeutung.

Das Präfix steht vor dem Verb

Präfix	mögliche Bedeutung	Beispiele
be-	ein zielgerichtetes Tun	*Die Brotscheibe wird mit Wurst **belegt**.* *Der Bildhauer **bearbeitet** den Stein.*
er-	Ergebnis einer Tätigkeit	*Die Blume **erblüht.*** *Er hat sich den Reichtum schwer **erarbeitet**.*
ent-	hat vor allem die Bedeutung von weg~ ab~ aus~ zum Anfang zurück	*Der Hund ist **ent**laufen.* *Er **ent**lockte mir das Geheimnis.* *Er **ent**kleidet sich im Bad.* *Das Schiff wird **ent**laden.*
miss-	etwas ist falsch, nicht richtig, nicht gut	*Der Kuchen ist **missglückt.*** *Er hat sein Amt als Politiker **missbraucht.***
ver-	weg, woandershin vollständig verkehrt zu sehr	*Der Chef ist heute **verreist.*** *Ich habe meine Möbel **verkauft.*** *Ich habe mich **verlaufen**.* *Ich habe die Suppe **versalzen**.*
zer-	kaputt, klein machen auseinander	*Ich **zerkaue** die Nuss.* *Sie **zerschneidet** den Stoff in viele Stücke.*

Das Präfix steht vor dem Substantiv oder Adjektiv

Präfix	Bedeutung	Beispiele
miss-	nicht richtig, nicht gut	*Misstrauen, misstrauisch, Missverständnis, missverständlich*
un-	Gegensatz, negativ	*Unglück, unglücklich, Unruhe, unruhig*

Die Ableitungen mit Verbzusätzen

Verbzusätze sind trennbare Präfixe, die vor Verben stehen. Das heißt, sie können auch alleine stehen. ► Kapitel 6, Verben mit Zusätzen
Ursprünglich waren sie meist Präpositionen (***aus***-*tragen*, ***über***-*laufen*) oder Adverbien (***hinauf***-*tragen*, ***hin***-*laufen*). ► Kapitel 8, Präpositionen

Verbzusatz + Verb stehen **nur** zusammen
- im Infinitiv: ***abfahren***
- oder am Ende eines Nebensatzes:

Ich brachte dich zum Bahnhof und wartete, bis der Zug ***abfuhr***.

► Kapitel 9, Haupt- und Nebensätze (aber: *Der Zug* ***fuhr*** *vor 5 Minuten* ***ab***.)

Die Verbzusätze (trennbare Präfixe)

Verbzusatz	mögliche Bedeutung	Beispiele
ab-	von etwas weg	*abfahren, abreisen*
an-	sich nähern etwas hinzufügen	*anfreunden* *ankleben*
auf-	etwas öffnen die Richtung einer Bewegung (aufsteigend)	*aufschlagen* *aufladen* *aufrichten, aufstehen*
aus-	heraus etwas oder sich entfernen	*ausladen* *ausradieren, ausreisen*
bei-	etwas hinzufügen	*beilegen, beitragen*
ein-	nach innen	*einsteigen, einpacken*
her(aus)-	von innen nach außen	*herauskommen*
hin-	zu einem Ziel	*hinfahren*
hinein	von außen nach innen	*hineinfahren*

los-	etwas trennen mit etwas beginnen	*loslassen* *losfahren*
mit-	etwas gemeinsam tun	*mitkommen*
vor-	Richtung: nach vorn etwas im Voraus tun anderen etwas zeigen	*vorfahren* *vorfeiern, vorbe-stellen* *vorführen*
weg-	etwas ist nicht mehr da	*wegnehmen*
zu-	etwas schließen etwas tun, das zielgerichtet ist	*zudecken, zudrehen* *zusenden, zuwerfen*
zurück-	die Richtung ändern	*zurückkommen*

Am besten ist, Sie lernen die Bedeutungen der einzelnen Verbzusätze immer gleich mit dem Verb zusammen.

Die Ableitungen mit Suffixen

Suffixe sind unselbstständige Nachsilben, die nicht alleine stehen können. Es gibt Suffixe, die bei der Deklination der Substantive und Konjugation der Verben eine Rolle spielen. ▶ Kapitel 2 und 6
In diesem Abschnitt soll nur die Rede von den Wortbildungssuffixen sein. Sie werden besonders bei der Wortbildung der Substantive benutzt.

Substantive und ihre Suffixe

Suffixe bestimmen das Genus und die Bedeutung des Substantivs:

maskulin: *der Verkäuf**er***   feminin: *die Verkäufer**in***

Sie sind ausführlich im Kapitel 2 dargestellt. ▶ Kapitel 2

Substantive können von verschiedenen Wortarten abgeleitet werden:

von einem Verbstamm	*reiben*	–	*Reib**ung***
von einem Substantiv	*der Lehrer*	–	*die Lehrer**schaft***
von einem Adjektiv	*frei*	–	*die Frei**heit***

Suffixe können sich regional voneinander unterscheiden:

*Häus**chen***	(norddeutsch/hochdeutsch)
*Häus**erl***	(bairisch)
*Häus**le***	(schwäbisch)
*Hüs**li***	(schweizerdeutsch)

Ebenso können aus dem Infinitiv eines Verbs Substantive gebildet werden:

rechnen	–	*das Rechnen*
springen	–	*das Springen*
essen	–	*das Essen*

Adjektive und ihre Suffixe

Adjektive können von verschiedenen Wortarten abgeleitet werden.

Die Ableitung vom Substantiv

Das Substantiv erhält am Ende des Wortes ein Suffix.

Substantiv	Suffix	mögliche Bedeutung	Beispiele
der Traum *der Zwang*	***-haft***	bezieht sich auf bestimmte Merkmale	*ein **traumhafter** Strand* *ein **zwanghaftes** Verhalten*
die Arbeit *das Gefühl*	***-los***	ohne	***arbeitslose** Jugendliche* *ein **gefühlloser** Mensch*
die Sonne *der Ehrgeiz*	***-ig***	eine bestimmte Art	*ein **sonniger** Tag* *ein **ehrgeiziger** Mensch*
Polen *Preußen* *die Laune*	***-isch***	Herkunft Zugehörigkeit	*ein **polnischer** Maler* *die **preußische** Armee* *das **launische** Kind*
die Demokratie *die Solidarität*	***-isch***	Fremdwörter (etwas betreffen)	***demokratische** Rechte* ***solidarisch** sein*
die Jugend *die Freundschaft*	***-lich***	eine Eigenschaft die Art und Weise	***jugendlich** aussehen* *eine **freundschaftliche** Beziehung*

Die Ableitung vom Verb

Der Verbstamm erhält ein Suffix.

Verb	Suffix	mögliche Bedeutung	Beispiele
machen	***-bar***	man kann etwas machen	*Das ist **machbar**.*
sparen	***-sam***	wie jemand/etwas ist	*ein **sparsamer** Mensch*
leben	***-haft***	bezieht sich auf bestimmte Merkmale	*ein **lebhaftes** Kind*

wackeln	***-ig***	Art, Zustand	*ein **wackliger** Stuhl*
kämpfen	***-(er)isch***	Art und Weise von jemand/etwas	*eine **kämpferische** Haltung*
ärgern	***-lich***	Art und Weise von etwas/ jemand	*eine **ärgerliche** Geschichte*

Einige Wörter können als Suffixe gebraucht werden.

	Bedeutung	Beispiele
-arm	wenig	*das Wasser – wasser**arm***
-frei	ohne	*die Hitze – hitze**frei***
-leer	ohne	*das Blut – blut**leer***
-los	ohne	*das Ziel – ziel**los***
-reich	viel	*die Kinder – kinder**reich***
-voll	viel	*der Rand – rand**voll***
-fest	etwas hält stand	*der Regen – regen**fest***
-wert	etwas ist gut	*sehen – sehens**wert***

Die Zusammensetzungen (Komposita)

- das Verb: ***zusammenschreiben***
- das Substantiv: ***die Waschmaschine***
- das Adjektiv: ***hellblau***

Das letzte Wort bestimmt die Wortart des Kompositums:
über (Präposition) + ***holen*** (Verb) = *über**holen*** (Verb)

... bei zusammengesetzten Substantiven bestimmt das letzte Substantiv das Genus:

*der Kaffee + **die Tasse** = **die** Kaffeetasse*

... und nur das letzte Substantiv wird dekliniert:

*die Kaffeetasse**n** des Fachlehrer**s**.*

Das erste Wort erklärt das zweite Wort näher:

*Das **Bügel**brett ist ein Brett **zum Bügeln**.*

Die Wörter werden einfach zusammengesetzt: *die Weinflasche* oder durch eine Fuge verbunden: *die Leben**s**mittel*

Bei einem Kompositum ist es oft nicht möglich, von der Ursprungsbedeutung auszugehen. Das heißt, dass sich eine völlig neue Bedeutung ergeben kann.
Ein ***Kinderzimmer*** ist ein Zimmer für Kinder.
Ein ***Kindergarten*** ist kein Garten für Kinder, sondern eine Institution zur Kinderbetreuung.

Was kann zusammengesetzt werden?

Das zusammengesetzte Substantiv

Substantiv + Substantiv

die Kinder	+	*das Zimmer*	=	*das Kinderzimmer*
das Dorf	+	*der Spielplatz*	=	*der Dorfspielplatz*

Der Sonderfall: die Fugen

- Substantiv + ***e*** + Substantiv:
  bei Substantiven, deren Plural mit *-e* gebildet wird.
  *der Hund (die Hunde) + die Hütte = die Hund**e**hütte*
- Substantiv + ***er*** + Substantiv:
  bei maskulinen und neutralen Substantiven, die im Plural auf *-er* enden
  *das Kind (die Kinder) + der Tag = der Kind**er**tag*
- Substantiv + ***n*** + Substantiv:
  nach femininen Substantiven mit der Pluralendung *-en*
  *die Birne (die Birnen) + das Kompott = das Birn**en**kompott*
- Substantiv + ***s*** + Substantiv:
  immer nach Suffixen (Nachsilben) wie *-heit, -keit, -ung*
  *die Gesundheit + **s** + der Minister = der Gesundheit**s**minister*
- nach Infinitiven:
  *schlafen + **s** + die Zeit = die Schlafen**s**zeit*
- nach einigen Substantiven mit ***-s*** im Genitiv:
  *der Säugling + **s** + der Brei = der Säugling**s**brei*

Adjektiv + Substantiv

Das Adjektiv steht in der Grundform vor dem Substantiv.

schnell	+	*Straße*	=	*die Schnellstraße*
groß	+	*die Eltern*	=	*die Großeltern*
höchst	+	*der Lohn*	=	*der Höchstlohn* (Superlativ von *hoch*)

Verbstamm + Substantiv

Der Verbstamm steht vor dem Substantiv.

kochen	+	*das Buch*	=	*das Kochbuch*
waschen	+	*die Maschine*	=	*die Waschmaschine*
braten	+	*der Fisch*	=	*der Bratfisch*

Verbstamm + *e* + Substantiv

nach vielen Verben mit der Stammendung *b, d, g, t*

lieg(en)	+	*der Wagen*	=	*der Lieg**e**wagen*
bind(en)	+	*das Glied*	=	*das Bind**e**glied*

Präposition + Substantiv

Die Präposition steht vor dem Substantiv.

vor	+	*die Geschichte*	=	*die Vorgeschichte*
unter	+	*das Hemd*	=	*das Unterhemd*

Das zusammengesetzte Adjektiv

Substantiv + Adjektiv

Die so gebildeten Adjektive können ein Substantiv noch genauer beschreiben.
Das Substantiv steht vor dem Adjektiv.

der Bär	+	*stark*	=	*bärenstark*	*ein* ***bärenstarker*** *Typ*
die Luft	+	*leer*	=	*luftleer*	*ein* ***luftleerer*** *Raum*
das Haus	+	*hoch*	=	*haushoch*	*Die Fußballer haben* ***haushoch*** *verloren.*

Im Deutschen spielen Komposita eine große Rolle. Ihre Anwendung vereinfacht den Satzbau.

Hier ist das ***Tagebuch des Schülers***. → *Hier ist das* ***Schülertagebuch***.

Das ist ein ***Bonbon gegen Husten***. → *Das ist ein* ***Hustenbonbon***.

Leicht gemerkt!

Das Wichtigste zur Wortbildung:

Ableitung
- bei Verben: mit Präfixen: *ausgehen*
- bei Substantiven und Adjektiven: mit Suffixen: *Freiheit, traumhaft*

Zusammensetzung
- bei Verben: *auseinandergehen*
- bei Substantiven (mit Substantiv, Adjektiv, Verb, Präposition): *Waschmaschine*
- bei Adjektiven: *haushoch*

Bei Zusammensetzungen wird das Grundwort, das rechts steht, vom linken näher definiert, d.h. eine Waschmaschine ist eine Maschine zum Waschen. Sie merken sich: **Links definiert rechts!**

„Bandwurmwörter"
Es können auch mehrere Teile zusammengesetzt werden, z. B. ***Mittelmeerkreuzfahrt*** oder ***Leberwurstbrot*** (beide drei Substantive). Die Möglichkeit der deutschen Sprache Komposita zu bilden, führt dazu, dass sehr lange Wörter entstehen können. Eines der berühmtesten ist die ***Donaudampfschifffahrts-gesellschaftskapitänsmütze***. Kennen Sie ein längeres? Versuchen Sie mal selbst, möglichst lange Wörter zu bilden.

Spielen Sie *Wortkette*. Schreiben Sie ein Kompositum auf ein Blatt Papier. Betrachten Sie nun das letzte Teilwort als das erste Teilwort eines neuen Kompositums und schreiben Sie das neue Wort gleich darunter, z. B.

Käseglocke
Glockenspiel
Spielplatz
Platzregen ...

Sie werden natürlich hier und da Fugen (-**e**-, -**er**-, -**n**-, -**s**-) einfügen müssen.
Irgendwann finden Sie vielleicht kein neues Wort mehr. Fangen Sie dann einfach eine neue Kette an. Viel Spaß beim Suchen!

8 Unflektierbare Wörter

Folgende Wortarten verändern sich nicht:

die Konjunktionen: *und, oder, aber, weil, wenn, ob, ...*
die Präpositionen: *mit, nach, bei, von, zu, aus, ...*
die Adverbien: *dort, da, hierher, gestern, heute, ...*
die Partikel: *ja, aber, doch, denn, ...*
die Interjektionen: *aua, hallo, oh, ...*

Die Konjunktionen

Konjunktionen nennt man auch **Bindewörter,** weil sie Wörter, Wortgruppen oder Sätze miteinander verbinden.

- Wörter:
  und: *Er kam mit vielen Koffern, Tüten* ***und*** *Taschen*
  oder: *Möchtest du Bier* ***oder*** *Wein?*
- Wortgruppen:
  sowie: *Bettina hat ihn* ***sowie*** *seinen alten Vater zum Bahnhof gebracht.*
- Hauptsätze:
  aber: *Normalerweise fahren wir mit dem Fahrrad zur Arbeit,* ***aber*** *bei Regen nehmen wir den Bus.* ► Kapitel 9
- Haupt- und Nebensätze:
  weil: *Wir nehmen im Winter den Bus,* ***weil*** *es so kalt ist.*
  ► Kapitel 9

Es gibt neben- und unterordnende Konjunktionen.

Nebenordnende Konjunktionen

Das sind Konjunktionen, die gleichwertige Wörter, Wortgruppen oder Sätze miteinander verbinden.

Konjunktionen, die Wörter und Wortgruppen miteinander verbinden

kopulativ (ordnet gleichberechtigt nebeneinander)	
und	*Dirk kauft gerade Brot* ***und*** *Butter.*
sowie	*Der Saunabesuch hat dem Kind* ***sowie*** *der ganzen Familie gut getan.*
sowohl – als auch	*Sie mag* ***sowohl*** *Milch* ***als auch*** *Kakao.*
weder – noch	*Susanne hat* ***weder*** *einen Badeanzug* ***noch*** *einen Bikini.*

adversativ (drückt einen Gegensatz aus)	
nicht – sondern	*Er will* ***nicht*** *Fußball spielen,* ***sondern*** *nur zusehen.*
zwar – aber	*Er mag* ***zwar*** *Wein,* ***aber*** *heute nicht.*

disjunktiv (drückt eine Alternative aus)	
(entweder) **– oder**	*Wir können (**entweder**) zu dir* **oder** *zu mir gehen.*

Konjunktionen, die Hauptsätze verbinden

! Werden zwei Hauptsätze miteinander verbunden, verändert sich die Stellung der Wörter in beiden Sätzen nicht. Sie stehen gleichberechtigt nebeneinander.

Hauptsatz I	**Hauptsatz II**
Heute kommen unsere Freunde.	*Wir wollen zusammen ins Kino gehen.*
Verbindung mit der Konjunktion	
Heute kommen unsere Freunde ***und***	*wir wollen zusammen ins Kino gehen.*

► Kapitel 9, Der Hauptsatz

Das Verb hat die typische Hauptsatzstellung (2. Position) in beiden Sätzen.

Ich ***habe*** *gestern* ***gebacken und*** *der Kuchen* ***ist*** *bereits* ***aufgegessen.***

adversativ (drückt einen Gegensatz aus)	
(zwar) – aber	*Ich habe ihn (zwar) gesehen,* ***aber*** *das ist lange her.*
doch	*Wir haben die ganze Zeit überlegt,* ***doch*** *uns ist nichts eingefallen.*
jedoch	*Thomas hat den ganzen Vormittag telefoniert,* ***jedoch*** *es war niemand zu erreichen.*
kausal (gibt einen Grund an)	
denn	*Wir fahren nicht mit dem Auto,* ***denn*** *die Straßen sind zu glatt.*
disjunktiv (gibt eine Alternative an)	
oder	*Wir können in den Ferien wegfahren* ***oder*** *wir machen es uns zu Hause gemütlich.*
entweder – oder	***Entweder*** *wir fahren weg* ***oder*** *(wir) bleiben zu Hause.*
nicht – sondern	*Wir fahren* ***nicht*** *weg,* ***sondern*** *(wir) bleiben zu Hause.*
kopulativ (ordnet gleichberechtigt nebeneinander)	
und	*Ich habe gestern erst gesaugt* ***und*** *heute ist es schon wieder schmutzig.*

! Ist das Subjekt im ersten und zweiten Satz gleich, kann man es im zweiten Satz weglassen.
Wir fahren nicht weg, sondern bleiben zu Hause.

Unterordnende Konjunktionen

Dies sind Konjunktionen, die einen Nebensatz einleiten.
▶ Kapitel 9, Konjunktionale Nebensätze

Hauptsatz I	**Hauptsatz II**
Jeff trägt einen Regenmantel.	*Es regnet heute.*

Diese beiden Hauptsätze kann man durch eine unterordnende Konjunktion verbinden:

Hauptsatz	**Konjunktion**	**Nebensatz**
Jeff trägt einen Regenmantel,	***weil***	*es heute regnet.*

Aus dem zweiten Hauptsatz ist durch die Konjunktion ein Nebensatz geworden, der sich dem Hauptsatz unterordnet. Vor der Konjunktion steht ein Komma. ▶ Kapitel 9, Konjunktionale Nebensätze

Leicht gemerkt!

Die Stellung der Satzglieder bei unterordnenden Konjunktionen

Hauptsatz		**Nebensatz**
Jeff ***träg****t einen Regenmantel,*	***weil***	*es heute* ***regnet****.*
Das Verb steht auf Position 2.		Das Verb steht im Nebensatz am Satzende.

... bei zusammengesetzten Zeitformen

Hauptsatz	**Nebensatz**
Ramona ***trägt*** *einen nassen Mantel,*	***weil*** *es heute* ***geregnet hat****.*
	Hilfsverb am Satzende – direkt davor das Vollverb

Sie merken sich:
Steht ein Hauptsatz mit Nebensatz,
dann wandert das Verb an den hintersten Platz.

Die unterordnenden Konjunktionen

temporal (drückt Zeitverhältnisse aus)	
als	*Er ging gerade über die Straße,* ***als*** *er das Motorrad sah.*
bevor	*Wir räumten auf,* ***bevor*** *unsere Eltern nach Hause kamen.*
bis	*Wir standen so lange an der Haltestelle,* ***bis*** *der Bus kam.*
ehe	*Ich will meine Arbeit fertig haben,* ***ehe*** *ich nach Hause gehe.*
nachdem	*Endlich fand er einen Parkplatz,* ***nachdem*** *er eine Viertelstunde gesucht hatte.*
seit(dem)	*Ich habe ihn nicht gesehen,* ***seit*** *ich weggezogen bin.*
sobald	***Sobald*** *der Frühling kommt, geht es mir wieder gut.*
solange	***Solange*** *es so regnet, bleiben wir drin.*
kausal (gibt einen Grund an)	
da	*Er kann nicht mitkommen,* ***da*** *er noch arbeiten muss.*
weil	*Ich bin ins Bett gegangen,* ***weil*** *ich müde war.*
final (gibt einen Zweck oder eine Absicht an)	
damit	*Ihr müsst jetzt losgehen,* ***damit*** *ihr den Bus nicht verpasst.*
dass	*Ich beeile mich,* ***dass*** *ich pünktlich bei dir bin.*

Dass leitet auch als **Inhaltskonjunktion** eine Aussage ein:
Ich wusste gleich, ***dass*** *ihr heute zu spät kommt.*
Martin sagte, ***dass*** *er gar nicht kommen kann.*

konditional (gibt eine Bedingung an)	
falls	*Nimm vorsichtshalber die Badesachen mit,* ***falls*** *du noch schwimmen willst.*
wenn	*Ich mache mir einen Kaffee,* ***wenn*** *ich müde bin.*
konzessiv (schränkt etwas ein)	
obwohl ***obgleich***	*Sie ist nicht gekommen,* ***obwohl*** *ich ihr Bescheid gesagt* habe.
adversativ (beschreibt eine (zeitliche) Gegenüberstellung)	
während	*Der Busfahrer schlief,* ***während*** *die Touristen im Museum waren.*
konsekutiv (beschreibt eine Folge)	
so dass ***so … dass***	*Die Sonne blendete mich,* ***so dass*** *ich meine Sonnenbrille* aufsetzte. *Er schlief* **so** *lange,* ***dass*** *er zu spät kam.*
komparativ (vergleichend)	
als	*Du bist schlauer,* ***als*** *ich dachte.*
als ob	*Er ging so schnell,* ***als ob*** *er keine Zeit hätte.*
wie	*Es kam,* ***wie*** *ich es erwartet hatte.*

Als **Satzteilkonjunktion** werden ***als*** und ***(so) wie*** gebraucht, wenn bei der Wortgruppe kein Verb steht.
- *Er ist beim Essen genau**so** langsam* ***wie*** *du.*
  Er ist größer ***als*** *ich.*
- *Sie arbeitet in einer Konditorei* ***als*** *Kellnerin.*

Bis, seit und ***während*** können auch als Präposition stehen. ▶ Kapitel 8, Präpositionen

Wir können doch noch ***bis*** *morgen warten.*
Ich habe sie ***seit*** *gestern nicht gesehen.*
Er hat schon ***während*** *des Abendbrots geschlafen.*

Adverbien als Konjunktionen

Es gibt Adverbien, die als Konjunktion auftreten können.

darum, außerdem, trotzdem, dagegen, sonst, so …

Sie fordern im Satz eine bestimmte Stellung:

	Hauptsatz	**Hauptsatz**
Konjunktion	*Ich mache Abendbrot,*	***denn** ich habe Hunger.*
Adverb	*Ich habe Hunger,*	***darum** mache ich Abendbrot.*

Die Position der Hauptsätze hat gewechselt und das Verb steht direkt hinter dem Adverb. ► Kapitel 8, Adverb

Schreiben Sie auf mindestens acht Kärtchen jeweils einen kurzen Hauptsatz. Legen Sie die Kärtchen auf dem Tisch aus, heften Sie sie an die Wand, Tafel o.ä. Verbinden Sie nun immer jeweils zwei Sätze mit einer passenden Konjunktion zu sinnvollen Sätzen.

Die Präpositionen

Die Präposition nimmt die Position vor einem Wort oder einer Wortgruppe ein.
- vor einem Substantiv: *Die Kugel ist **aus Glas**.*
- vor einer Substantivgruppe: *Die Kugel ist **aus buntem Glas**.*
- vor einem Pronomen: *Ich spiele **mit ihr**.*

In einigen Fällen kann die Präposition vor oder nach der Wortgruppe stehen. Dann ist ein Kasuswechsel möglich.

vor dem Bezugswort	nach dem Bezugswort
*Die Menschen standen **entlang** der Straße.*	*Er ging die Straße **entlang.***
***Wegen** der langen Wartezeit sind wir eine andere Autobahn gefahren.*	*Der langen Wartezeit **wegen** sind wir eine andere Autobahn gefahren.*

Leicht gemerkt!

Die Präposition legt den Kasus für die Wortgruppe fest.

*Ich ging **in den Park.***	(Akkusativ)
*Dort saß ich **auf der Bank**.*	(Dativ)
***Wegen des Regens** ging ich wieder nach Hause.*	(Genitiv)

Präposition und Wortgruppe stehen in Beziehung zu anderen Wörtern:

Wortart	Beispiel	Präposition + Wortgruppe
Substantiv	*der Vogel*	***auf** dem Dach*
Verb	*spielen*	***mit** Bausteinen aus Holz*
Adjektiv	*glücklich*	***über** den unerwarteten Sieg*

Man kann die Präpositionen auf Grund ihrer Bedeutung in Gruppen einteilen. Eine Präposition kann jedoch mehrere Bedeutungen haben.

Präposition	Fragewort	Beispiel
lokal	*Wo?*	***an** der Wand*
direktional	*Wohin?*	***in** das Konzert*
	Woher?	***aus** dem Mittelmeer*
temporal	*Wann?*	***vor** dem Mittag*
modal	*Wie?*	***mit** viel Lärm*
	Womit?	***mit** dem Bus*
	Mit wem?	***mit** den Kindern*
kausal	*Warum?*	***wegen** der Großeltern*
	Wodurch?	***durch** den Unfall*
final	*Mit welchem Ziel?*	***für** mich*
	Zu welchem Zweck?	***für** die gute Laune*

Präpositionen mit Akkusativ

lokal	**Beispiel im Akkusativ**
bis (ohne Artikel)	*Dieser Zug fährt* **bis** *Hamburg Altona.*
durch	*Ich gehe* ***durch*** *den Park.* *Er fährt im Sommer* ***durch*** *Deutschland.*
gegen	*Das Auto ist* ***gegen*** *die Mauer gefahren.* *Der Vogel ist* ***gegen*** *das Fenster geflogen.*
um	*Die Katze ist* ***um*** *das Haus geschlichen.*
um … herum	*Alle sitzen gespannt* ***um*** *den Tisch* ***herum.***
entlang	*Das Liebespaar geht den Fluss* ***entlang.*** *Wir fahren die Allee* ***entlang.***
temporal	
gegen	*Tom erwartet Tim* ***gegen*** *sieben Uhr.* ***Gegen*** *acht Uhr wollen wir essen.*
um	*Wir sehen uns* ***um*** *drei.* ***Um*** *8.30 Uhr macht der Laden auf.*
bis	*Er hat* ***bis*** *elf Uhr geschlafen.* *Sie bleibt* ***bis*** *kommenden Sonntag.*
für	*Unser Au-pair-Mädchen bleibt* ***für*** *ein Jahr.*
kausal	
durch	*Er ist sehr verunsichert* ***durch*** *die Kündigung.* ***Durch*** *ihn habe ich dich kennengelernt.*
final	
für	*Sie demonstrieren* ***für*** *den Frieden.* *Hier ist ein E-Mail* ***für*** *dich gekommen.*
gegen	*Sie sind* ***gegen*** *Gewalt.*
modal	
ohne	*Er wollte heute* ***ohne*** *Strümpfe losgehen.* *Das Menü bitte* ***ohne*** *die Vorspeise!*

Leicht gemerkt!

Immer mit Akkusativ:
bis, durch, für, gegen, ohne, um

Diese Präpositionen können Sie sich mit folgendem Satz leichter merken:

Wir gingen **gegen** Abend **um** das Haus,
für eine Stunde, **bis** halb sieben,
den Fluss **entlang**, dann **ohne** Schuhe **durch** den Fluss.

Präpositionen mit Dativ

lokal	**Beispiel im Dativ**
ab	***Ab** dem Allgäu wurde das Wetter schön.*
bei	*Meine Großmutter wohnt **bei** uns.* *Du sollst dich nachher **beim** Chef melden.*
gegenüber	***Gegenüber** dem Kaufhaus ist ein Eisladen.* *Plötzlich standest du mir **gegenüber**.*
direktional	
aus	*Sie kommt gerade **aus** dem Urlaub.* *Sie nimmt Geld **aus** der Kasse.*
nach	*Marie fährt **nach** Italien. Ich suche **nach** dem Zugfahrplan.*
von	*Die Muscheln sind **vom** Strand.* *Er kommt müde **von** der Arbeit.*
zu	*Wir fahren **zu** Oma und Opa.* *Ich muss **zum** Zahnarzt gehen.*
temporal	
ab (Beginn)	***Ab** Dienstag scheint die Sonne wieder.* *Sie geht **ab** nächstem Semester auf die Uni.*
an	***An** den Vormittagen arbeitet sie immer.* ***Am** Wochenende habe ich wieder mehr Zeit.*
bei	*Du sollst **beim** Essen nicht reden.*
bis zum	*Sie wartet **bis zum** Mittag.*
nach	***Nach** der Schule bin ich immer müde.*
in	***In** der Pause esse ich ein Brötchen.*
in (Zukunft)	***In** zwei Wochen habe ich Geburtstag.* ***Im** April habe ich wieder mehr Zeit.*

seit (Vergangenheit bis jetzt)	***Seit*** *einem Monat ist er kaum zu Hause.* *Sie liebt ihn* ***seit*** *ihrer Jugend.*
von ... bis	*Er war* ***vom*** *ersten* ***bis*** *zum letzten Tag fleißig.*
vor	*Er geht* ***vor der*** *Arbeit joggen.*
vor (Vergangenheit)	***Vor*** *einem Jahr war ich verliebt.*
zu	***Zu*** *Weihnachten essen wir immer Gans.*
zwischen	***Zwischen*** *dem 8. und 10. Oktober habe ich keine Zeit.*
kausal	
aus	*Er lief* ***aus*** *Angst davon.*
vor	*Du kannst* ***vor*** *Sehnsucht nicht mehr schlafen.*
wegen	***Wegen*** *der Grippewelle lassen wir uns impfen.*
modal	
mit	***Mit*** *meinem Motorrad bin ich schnell.*
in	***In*** *der großen Eile habe ich etwas vergessen.*
nach	*Wenn es* ***nach*** *mir geht, fahren wir jetzt los.*
außer	*Alle* ***außer*** *Tina waren in der Ausstellung.*

Leicht gemerkt!

Immer mit Dativ:
ab, aus, außer, bei, gegenüber, mit, nach, seit, von, zu

Diese Präpositionen können Sie sich mit folgendem Satz leichter merken:

Seit letztem Jahr treffen sich die Schüler **aus** der Stadt **außer** den Kleinsten **ab** mittags **nach** der Schule **beim** Griechen **gegenüber** dem Kino **mit** ihren Lehrern **vom** Gymnasium **zum** Mittagessen.

Präpositionen mit Akkusativ und Dativ

Es gibt Präpositionen, die mit dem Akkusativ und dem Dativ auftreten können.

an

auf

hinter

in

neben

über

unter

vor

zwischen

Wenn man eine **Richtung** (**Wohin?**) angibt, benutzt man die Präposition und den **Akkusativ**:

Ich stelle den Tisch ***an die Wand****.*
Ich lege das Messer ***auf den Tisch****.*
Er legt das Buch ***neben sich****.*
Sie geht ***vor die Tür****.*

Wenn man einen **Standort** (**Wo?**) angibt, benutzt man die Präposition und den **Dativ**:

Der Tisch steht ***an der Wand****.*
Das Messer liegt ***auf dem Tisch****.*
Das Buch liegt ***neben mir****.*
Sie steht ***vor der Tür****.*

Präp.	Beispiel + Akkusativ	Beispiel + Dativ
an	*Die Kinder wollen* ***an*** *den Strand.* *Sie ruderten* ***an*** *das Ufer.*	***An*** *meiner Jacke sind Knöpfe.* *Der Spiegel hängt* ***an*** *der Wand.*
auf	*Er fährt* ***auf*** *die Insel.* *Sie geht* ***aufs*** *Gymnasium.*	***Auf*** *dem Berg steht ein kleines Haus.* *Die Kinder spielen* ***auf*** *der Straße.*
hinter	*Er rennt* ***hinter*** *den Busch.* *Sie läuft* ***hinters*** *Haus.*	*Er lauscht* ***hinter*** *der Tür.* ***Hinter*** *der Kurve sieht man das Meer.*
in (ohne Artikel)		***In*** *Berlin ist immer viel los.* ***In*** *Griechenland ist es oft sehr heiß.*
in	*Wir fahren wieder* ***in*** *die Türkei.* *Ich lege das Buch* ***in*** *das Regal.*	*Sie fährt* ***in*** *der Schweiz Ski.* ***Im*** *Haus ist es warm und gemütlich.*
neben	*Ich lege mich* ***neben*** *dich.* *Er setzt sich* ***neben*** *mich.*	***Neben*** *der Kirche ist der Friedhof.* *Ich möchte* ***neben*** *dir sitzen.*
über	*Jan fliegt* ***über*** *Paris.* *Die Wolken ziehen* ***über*** *das Land.*	***Über*** *dem Tisch hängt eine Lampe.* *Die Wolken sammeln sich* ***über*** *dem Atlantik.*
unter	*Der Hund legt sich* ***unter*** *den Tisch.*	***Unter*** *der Brücke fließt ein Fluss.* *Der Hund liegt* ***unter*** *dem Tisch.*
vor	*Er legt das Päckchen* ***vor*** *die Tür.* *Stell die Schuhe* ***vor*** *die Tür.*	***Vor*** *dem Haus steht ein alter Baum.* *Ich warte* ***vor*** *dem Eingang auf dich.*
zwischen	*Leg dich doch* ***zwischen*** *uns.* *Er stellt sich* ***zwischen*** *uns.*	*Das Kind schläft* ***zwischen*** *seinen Eltern.* ***Zwischen*** *den Gärten ist ein Zaun.*

Schauen Sie sich das Verb genau an. Ist eine Ortsergänzung gefragt (*Wo?*), dann nehmen Sie den Dativ. Wird nach der Richtungsergänzung (*Wohin?*) gefragt, nehmen Sie den Akkusativ.

! Die Präposition und der folgende Artikel können sich miteinander verbinden. *Sie gehen* ***ins*** *Konzert.* ▶ Kapitel 1

Präpositionen mit Genitiv

temporal	
während	***Während** des ganzen Winters lag Schnee.*
modal	
statt	*Ich nehme lieber Gemüse **statt** des Fleisches.*
kausal	
wegen	*Wir sind **wegen** des Sturms abgefahren.*
trotz	*Er war **trotz** des Staus pünktlich da.*

In der Umgangssprache bevorzugt man oft den Dativ.

Während des Konzerts … — *Während dem Konzert …*
Wegen des Sturms … — *Wegen dem Sturm …*
Trotz des Staus … — *Trotz dem Stau …*

Verben mit festen Präpositionen

Es gibt viele Verben, die mit Präpositionen auftreten und dadurch ihre Bedeutung ändern. Sie stehen mit dem Akkusativ oder Dativ.

denken	denken an + Akkusativ
antworten	antworten auf + Akkusativ

Sie finden sie so im Wörterbuch:

• glau·ben ['glaʊbn] <glaubt, glaubte, geglaubt> **I.** *tr* K *jd glaubt an etw akk* meinen, vermuten *~ dass etw falsch ist* **II.** *itr* K *jd glaubt an etw akk* für wahr halten *an Gott ~*

Die Adverbien

*„Was du **heute** kannst besorgen, das verschiebe nicht auf **morgen**."*
(Deutsches Sprichwort)

Adverbien geben nähere Informationen

– zum Ort (lokal):	*Antje wohnt **gegenüber**.*
– zur Zeit (temporal):	*Markus lädt **morgen** zum Videoabend ein.*
– zur Art und Weise (modal):	***Leider** kann Jan nicht kommen.*
– zum Grund oder zur Ursache (kausal):	*Heike hat Stress zu Hause, **darum** kommt sie nicht.*

Die Stellung des Adverbs bei:

– Verben:	
*Das habe ich **gern** gelesen.*	Das Adverb steht vor dem Verb.
– Substantiven:	
*Die Frau **da hinten** meine ich.*	Das Adverb steht hinter dem Substantiv.
– Adjektiven:	
*Der Turm ist **sehr** hoch.*	Das Adverb steht vor dem Adjektiv.

Außerdem können Adverbien die Funktion übernehmen von:
- Konjunktionen: *Er hat etwas gestohlen, **darum** ist er weggelaufen.*
- Relativ- und Interrogativadverbien:

  *Er ist weg, aber ich weiß nicht, **wohin** er gegangen ist.*
  ***Womit** haben wir das verdient?*

Einige wenige Adverbien haben Komparativ- und Superlativformen.

Positiv	Komparativ	Superlativ
bald, früh	*eher (früher)*	*am ehesten (am frühesten)*
gern	*lieber*	*am liebsten*
oft	*häufiger*	*am häufigsten*
sehr	*mehr*	*am meisten*

Lokaladverbien

Lokaladverbien geben an, wo sich jemand oder etwas befindet.

Wo?	Wo?	Wo?
hier (ganz nah)	**da** (Anwesenheit)	**dort** (etwas entfernt)
*Ich bin **hier**.*	*Der Gast ist **da**.*	*Er wartet **dort**.*
drinnen (im Raum)	**draußen** (außerhalb eines Raumes)	**drüben** (gegenüber)
*Willst du **drinnen** ...*	*oder **draußen** warten?*	*Du kannst auch **drüben** warten.*
außen (Außenseite)	**innen** (Innenseite)	**überall** (an jedem Ort)
*Am Mantel fehlt **außen** ein Knopf.*	***Innen** habe ich ihn schon wieder angenäht.*	***Überall** liegen Knöpfe herum.*
irgendwo (der Ort ist nicht bekannt)	**nirgendwo (nirgends)** (es gibt keinen Ort)	**woanders** (an einem anderen Ort)
*Den Stein habe ich **irgendwo** gefunden.*	*Ich kann den Stein **nirgends** finden.*	*Ich muss ihn **woanders** liegen gelassen haben.*

! Man kann auch zwei Lokaladverbien miteinander kombinieren.
*Ist das Geld **hier drin?*** Oder *ist es **da drin?***

Die Stellung der Lokaladverbien im Satz

Das Lokaladverb kann an verschiedenen Stellen im Satz stehen.

	Satzanfang		Satzmitte	Satzende
	Dort drinnen	*spielt*	*die Musik,*	
und	*ich*	*stehe*		***draußen**.*
	Gestern	*spielte*	*sie **hier***	*nicht so laut.*

Die Direktionaladverbien

Die Direktionaladverbien geben eine Richtung an.

Wohin?	
rauf – runter	*Ich gehe die Treppe **rauf**.*
vorwärts – rückwärts	*Du musst **vorwärts** einparken.*
aufwärts – abwärts	*Der Aufzug fährt **aufwärts**.*
nach links – nach rechts – geradeaus	*Sie müssen erst nach **links und** dann **geradeaus** fahren.*
nach oben – nach unten	*Er geht **nach unten** in den Keller.*
hierhin – dorthin – dahin	*Schaut doch mal **hierhin**!*
Woher?	
von dort	*Der Bus muss **von dort** kommen.*
von rechts – von links	*Der Radfahrer kam **von links**.*
von oben – von unten	*Das Geräusch kam **von oben**.*
von außen – von innen	*Ich habe **von innen** abgeschlossen.*

Direktionaladverbien mit *hin-* und *her-*

her- bedeutet: zum Sprecher – *Er kommt **herauf**.*

herauf-(klettern), ***herüber-***(rufen), ***herunter-***(kommen), ***heraus-***(laufen), ***herein-***(kommen)

hin- bedeutet: vom Sprecher weg – *Er geht **hinunter**.*

hinauf-(springen), ***hinüber-***(gehen), ***hinunter-***(schauen), ***hinaus-***(gehen), ***hinein-***(gehen)

Leicht gemerkt!

In der Umgangssprache sagt man:
rauf, rüber, runter, raus, rein.

Merken Sie sich mit diesen Wörtchen einen bestimmten Weg in Ihrer gewohnten Umgebung, z. B. *Ich geh **rauf** zu Müllers und dann **rüber** zu Meyers, dann **runter** in den Keller, **raus** auf die Straße und schließlich **rein** ins Café.*

Die Stellung der Direktionaladverbien im Satz

Die Direktionaladverbien stehen meist in der Satzmitte oder am Satzende. Bei einer Negation steht das Adverb direkt hinter **nicht**.

		Satzmitte	Satzende
Ich	*habe*	*die Kartoffeln (nicht)* ***von unten***	*geholt.*
Jetzt	*gehe*	*ich (nicht)*	***nach oben.***

Die Temporaladverbien

Temporaladverbien machen Angaben zur Zeit. Sie können **Zeitpunkte** oder **Zeiträume** in Gegenwart, Vergangenheit oder Zukunft beschreiben:

Wann?	Wann?
Zeitpunkt in der Gegenwart	**Zeitpunkt in der Vergangenheit**
jetzt	***eben*** (gerade, vor ein paar Minuten)
Ich gehe ***jetzt*** *arbeiten.*	*Sie hat* ***eben*** *abgewaschen.*
heute	***gestern, vorgestern***
Heute *scheint die Sonne.*	***Gestern*** *schien die Sonne.*
gerade	***neulich, vor kurzem***
Ich wasche ***gerade*** *ab.*	***Neulich*** *habe ich abgewaschen.*
da (in dem Moment)	***vorhin***
Ich saß in der Badewanne. ***Da*** *klingelte es.*	*Du hast* ***vorhin*** *nicht aufgepasst.*
nun (jetzt, als nächstes)	***einmal*** (vor langer Zeit)
Nun *hören wir auf zu lernen.*	*Es war* ***einmal*** *eine Zauberin …*

Zeitraum in der Gegenwart	Zeitraum in der Vergangenheit
heutzutage	***früher***
Die Kinder sitzen ***heutzutage*** *alle vor dem Computer.*	***Früher*** *war alles besser.*
	damals (zu der Zeit)
	Damals *holte man das Wasser noch aus dem Brunnen.*

Zeitpunkt in der Zukunft
bald, morgen, übermorgen, später, demnächst
Wir kommen ***bald*** *wieder.*

Sie bezeichnen das Verhältnis zu einem anderen Zeitpunkt:
vorher, nachher, seitdem, inzwischen, zuerst, danach, dann, zuletzt
Klaus hat sein Studium abgebrochen. ***Seitdem*** *fährt er Taxi.*

... und Angaben zur Vor- und Nachzeitigkeit:	
vorher, erst, zuerst	***nachher, dann, danach***
Wollen wir spazieren gehen? *Ja, aber* ***vorher*** *muss ich bügeln*	*und* ***nachher*** *muss ich noch aufräumen.*

Sie können die Häufigkeit angeben:	
Wie oft?	***nie, niemals, fast nie, selten, kaum, manchmal, ab und zu, oft, häufig, meistens, fast immer, immer, stets***

... oder eine Dauer:		
schon	*Bist du schon fertig?*	(schneller als gedacht)
noch	*Ich bin noch nicht fertig.*	(es dauert etwas länger)
erst	*Ich werde erst nächste Woche fertig.*	(später als gedacht)

Sie machen Angaben zu Tagen und Tageszeiten:
morgens, mittags, abends
Morgens *mache ich Frühstück.*
montags, dienstags, freitags
Freitags *essen wir Fisch.* (immer)

... und zu Wochen, Monaten usw.:
täglich, wöchentlich, monatlich, jährlich

Die Modaladverbien

Die Aufgaben der Modaladverbien können sehr verschieden sein. Sie können bewerten, eine Annahme oder Wahrscheinlichkeit ausdrücken:

Bewertung	
glücklicherweise	*Als das Wasser aus der Waschmaschine lief, war sie* ***glücklicherweise*** *zu Hause.*
hoffentlich	***Hoffentlich*** *ist der Winter bald vorbei.*
leider	*Ich habe* ***leider*** *vergessen, wann du Geburtstag hast.*

dummerweise	***Dummerweise*** *bin ich zum Vorstellungsgespräch zu spät gekommen.*
natürlich	*Willst du mit zum Fußball kommen?* ***Natürlich*** *(will ich das).*
wirklich	*Der schottische Tanz hat* ***wirklich*** *Spaß gemacht.*
Annahme	
anscheinend	*Er läuft jeden Tag 15 Kilometer.* ***Anscheinend*** *macht es ihm Spaß.*
Wahrscheinlichkeit	
bestimmt	*Ich habe den ganzen Tag gewartet. Er hat mich* ***bestimmt*** *vergessen.*
eventuell	*Ich habe* ***eventuell*** *noch eine Freikarte für euch.*
sicherlich	*Die ist* ***sicherlich*** *nicht mehr gültig.*
wahrscheinlich	***Wahrscheinlich*** *werden wir am nächsten Wochenende in den Harz fahren.*
vielleicht	***Vielleicht*** *liegt dort noch ein wenig Schnee.*

! Wörter mit Adjektiv + ***-weise*** sind immer Adverbien. Sie geben Auskunft über die Umstände, unter denen etwas geschieht.

Von Adjektiven abgeleitete Modaladverbien

Diese Adverbien kennzeichnen die Art und Weise, **wie jemand etwas tut**. Sie haben keine Endung. Sie lassen sich steigern wie Adjektive.
▶ Kapitel 4, Die Steigerungsformen

gut	*Er spielt* ***gut*** *Fußball.*
schlecht	*Sie isst im Moment* ***schlecht.***
fleißig	*Ina rechnet* ***fleißig*** *die Aufgaben.*
langsam	*Julia kaut* ***langsam*** *ihr Brötchen.*
schnell	*Wir müssen* ***schnell*** *zum Bahnhof.*

Die Graduierung mit Hilfe von Modaladverbien

Modaladverbien können Adjektive **verstärken:**

Das sind ***sehr*** *schöne Hemden.*

... oder **abschwächen:**

Das ist ***nur*** *ein kleiner Hund.*

▶ Kapitel 4, Die Verstärkung von Adjektiven

Die Konkretisierung mit Hilfe von Modaladverbien

nur	*Ich wohne in der Stadt, denn **nur dort** finde ich Arbeit.*
auch	*Ich wasche immer das Auto, jetzt bist **auch du** mal dran.*
sogar	*Der neue Apfelbaum ist toll, er trägt **sogar** schon **Früchte**.*

Die Stellung der Modaladverbien im Satz

Das Adverb steht am Satzanfang oder in der Satzmitte.
Bei der Negation steht es nach ***nicht***.
▶ Kapitel 9, Die Objekte im Satz

Satzanfang		**Satzmitte**		**Satzende**	
Die Verkäuferin	*möchte*	***sicherlich***	*eine Pause*		*machen.*
Der Kunde	*kauft*	*nicht*	***gern***	*hier*	*ein.*
Bettina	*liest*	*abends*	***gern***	*ein Buch.*	
Wahrscheinlich	*ist*	*das Kleid*			*zu teuer.*

Die Kausaladverbien

Kausaladverbien nennt man auch Textadverbien, weil sie Textteile logisch verbinden. Sie können an Stelle einer Konjunktion stehen.
▶ Kapitel 8, die Konjunktionen

Was kann logisch verbunden werden?		
Kausaladverb	**Grund**	**Konsequenz**
deshalb	*Ich will mein Studium beenden.*	***Deshalb** mache ich gerade die Prüfung.*
daher	*Willi hat eine große Familie.*	***Daher** muss er zweimal Geburtstag feiern.*
darum	*Sebastian spielt Schlagzeug.*	***Darum** ist es immer laut im Haus.*
deswegen	*David surft jede freie Minute im Internet.*	***Deswegen** ist die Rechnung so hoch.*
	Konsequenz	**Grund**
nämlich	*Max muss seine Hände waschen.*	*Sie sind **nämlich** ganz schmutzig.*
	Feststellung	**logische Folge**
also	*Der Ehemann hat ein Alibi.*	*Er kann **also** nicht der Täter sein.*

	Feststellung	Konsequenz ist anders als erwartet
trotzdem	*Draußen ist es kalt.*	***Trotzdem** will ich spazieren gehen.*
	Notwendigkeit	**sonst negative Konsequenz**
sonst	*Du musst unbedingt mitspielen.*	***Sonst** verlieren wir gegen diese starke Mannschaft.*

Die Stellung im Satz

Satzanfang		Satzmitte	Satzende
Es	*ist*	*kalt.*	
Trotzdem	*möchte*	*ich ein Eis*	*essen.*
Beim Italiener	*schmeckt*	*es **nämlich***	*so gut.*

! Kausaladverbien können am Satzanfang oder in der Satzmitte stehen. ***Nämlich*** steht immer in der Satzmitte.

Pronominaladverbien

Mit Pronominaladverbien erfragt man etwas:

***Worüber** denkst du gerade nach?*

... kann man sich noch einmal auf etwas beziehen:

*Ich habe dir gesagt, **dass du Brot holen sollst**. Denkst du **daran**?*

... oder sie machen auf etwas aufmerksam, was noch gesagt wird:

*Hör **darauf**, **was ich dir sage**.*

Pronominaladverbien beziehen sich nur auf ganze Aussagen oder Sachen, aber **nie** auf Personen.

! Bei Personen verwendet man Präpositionen + Fragewörter:
***Auf wen** freust du dich?*
***Mit wem** lebst du zusammen?*
***Über wen** hast du geklagt?*

Die Bildung

Pronominaladverbien werden aus einem Adverb und einer Präposition gebildet.

! Folgen zwei Vokale aufeinander, wird ein ***r*** eingeschoben.

Adverb	Präposition	Beispiel
da	***an***	*Wir schenken Oma zum Geburtstag ein Bild.* ***Daran*** *habe ich schon gedacht.*
	mit	*Sie haben gestern geheiratet.* ***Damit*** *habe ich nicht gerechnet.*
	auf	*Wir haben gewonnen.* ***Darauf*** *lass uns einen trinken.*
	über	*Emma hat geschrieben.* ***Darüber*** *habe ich mich gefreut.*
hier	***mit***	*Das Spiel gefällt mir.* ***Hiermit*** *wollen wir spielen.*
	auf	*Zeig mir mal die Gitarre.* ***Hierauf*** *kann man gut Musik machen.*
	über	*Ich habe mich für das Buch entschieden.* ***Hierüber*** *wird er sich freuen.*
wo	***zu***	***Wozu*** *kaufst du das? (für welchen Zweck?)*
	mit	***Womit*** *spielen wir? (mit welchem Spiel?)*
	von	***Wovon*** *sollen wir das bezahlen? (von welchem Geld?)*
	auf	***Worauf*** *soll ich mich freuen? (auf was?)*

! Die Pronominaladverbien mit ***wo*** können auch als Interrogativ- und Relativpronomen gebraucht werden.
Ich weiß nicht, ***worauf*** *ich mich freuen soll.*
Das ist genau das, ***worauf*** *ich mich schon lange gefreut habe!*

Die Modalpartikeln

Sie liebt ihn doch. Sie liebt ihn bloß. Sie liebt ihn halt.

Modalpartikeln werden vor allem in der gesprochenen Sprache benutzt, um Emotionen oder Haltungen des Sprechers auszudrücken:

Modalpartikel	Beispielsatz	mögliche Sprecherhaltung
aber	*Das ist **aber** nett von Ihnen!*	Überraschung
bloß	*Was habe ich da **bloß** gemacht?*	verstärkt eine Emotion
denn	*Wo wohnst du **denn**?* *Wie sieht es **denn** hier aus!*	freundliche Nachfrage Vorwurf
doch	*Das habe ich mir **doch** gedacht.* *Du wolltest **doch** gestern kommen.*	Bekräftigung Erwartung wird nicht erfüllt
eben/halt	*So ist das **eben**.*	es ist nicht zu ändern
eigentlich	*Was willst du **eigentlich**?*	Verstärkung besonders von Fragen
etwa	*Hast du **etwa** dein Brot nicht aufgegessen?*	Erstaunen über eine Tatsache
ja	*Du bist **ja** schon da!* *Ich habe es **ja** gewusst.*	Überraschung Bestätigung
mal	*Schau doch **mal**!* *Mach **mal** bitte das Fenster zu!*	freundliche Aufforderung
nur	*Es ist **nur** ein Rest übrig.*	Bedauern, Einschränkung
schon	*Ich denke, der Brief wird **schon** wichtig sein.*	Verstärkung einer Vermutung
wohl	*Das habe ich **wohl** vergessen.*	Vermutung

Die Stellung im Satz

Die Modalpartikeln stehen immer in der Satzmitte.

Satzanfang		Satzmitte	Satzende
Till	*hat*	***doch** morgen Hochzeitstag.*	
Ich	*habe*	***ja** seinen Hochzeitstag*	*vergessen.*

! Die Modalpartikeln stehen meist vor den Adverbien.
*Karin wohnt **doch** hier drüben.*

9 | Die Sätze

Die Satzglieder

Das Verb bildet das Zentrum des Satzes. Es braucht fast immer mindestens eine Ergänzung, um einen Satz bilden zu können.
Die wichtigste Ergänzung ist das **Subjekt:** ***Der Vater*** *badet.*
Manche Verben brauchen mehrere Ergänzungen, die in verschiedenen Kasus stehen können. Sie werden **Objekte** genannt.

Der Vater wäscht ***seinen Sohn****.*
Der Vater gibt ***seinem Sohn das Haarshampoo****.*

Das Subjekt im Satz

Das Subjekt ist die Nominativergänzung des Verbs.

Der Vater *badet.* ***Das Boot*** *schwimmt auf dem See.*

Fragewort	Frage	Antwort
Wer? (Personen)	***Wer*** *wäscht seinen Sohn?*	***der Vater***
Was? (Dinge, Abstrakta)	***Was*** *schwimmt auf dem See?*	***das Boot***

Das Subjekt kann ein **Substantiv** oder **Pronomen** sein.

Irina *schwimmt im See.* ***Sie*** *schwimmt im See.*
Der See *ist sauber.* ***Er*** *ist sauber.*

Es steht meist am Satzanfang, kann aber auch in der Satzmitte stehen.

Satzanfang	Position 2	Satzmitte	Satzende
Ich	*gehe*		*angeln.*
Gestern	*bin*	***ich*** *mit Hans*	*angeln gegangen.*
	Muss	***ich***	*angeln gehen?*

Für die Stellung des Subjekts ist außerdem die Satzart wichtig.
► Kapitel 9, Die Satzarten

Das Verb im Satz (Prädikat)

Das Verb gibt im Satz folgende Informationen:

Was **macht** eine Person (oder mehrere)? *(Der Vater)* ***wäscht*** *(seinen Sohn).*
Was **geschieht**? *(Das Wasser)* ***spritzt*** *(über den Rand der Badewanne).*

Das Verb kann aus einem oder mehreren Teilen bestehen. Das hängt von der Art des Verbs und von Tempus und Modus ab. ► Kapitel 6

Der Vater nimmt die Seife.

Das Verb steht auf Position 2 im Satz.
Ausnahme: ► Kapitel 9, Der Imperativsatz, Nebensätze

Manche Verben bilden im Satz eine **Satzklammer.**

Modalverben	*Er*	***will***	*die Seife*	***nehmen.***
trennbare Verben	*Sie*	***hängt***	*die Wäsche*	***auf.***
zusammengesetzte Tempora	*Wir*	***haben***	*das Handtuch*	***gewaschen.***
Konjunktive	*Ich*	***würde***	*das Kind*	***ausfahren.***
Passivformen	*Sie*	***wird***	*vom Vater*	***abgeholt.***

Der konjugierte Teil des Verbs steht meist auf Position 2, der andere Verbteil am Satzende. Außerdem hängt die Position noch von der Art des Satzes ab.
► Kapitel 9, Die Satzarten

Die Objekte im Satz

Viele Verben brauchen außer dem Subjekt im Satz noch weitere Ergänzungen – die Objekte. Der Kasus des Objekts hängt vom Verb ab:
Der Vater trocknet ***seinen Sohn ab.*** (Akkusativobjekt)
Er kämmt ***ihm*** *die Haare.* (Dativobjekt)

In einem Satz kann es auch mehrere Objekte geben:
Dann zieht er ***ihm den Schlafanzug*** *an.* (Dativ- und Akkusativobjekt)

Es gibt folgende Objekte:

Das Akkusativobjekt (direktes Objekt)

Thomas badet ***seinen Sohn.***	***Wen*** *badet er?*	***seinen Sohn***
Thomas wäscht ***sein Auto.***	***Was*** *wäscht er?*	***sein Auto***

Das Dativobjekt (indirektes Objekt)

*Er möchte **seiner Frau** helfen.*	***Wem** will er helfen?*	***seiner Frau***

Die Stellung des Akkusativ- und Dativobjekts im Satz:

Satzanfang	Position 2	Satzmitte	Satzende
Ich	*möchte*	***den Käse** gern selbst*	*essen.*
Der Käse	*schmeckt*	***dem Mann** gut.*	

! Das Dativ- oder Akkusativobjekt kann auch am Satzanfang stehen: ***Den Käse** möchte ich selbst essen. **Dem Mann** schmeckt er.*

Leicht gemerkt!

Wenn es in einem Satz ein nominales **Akkusativ**- und Dativobjekt gibt, steht das Dativ- vor dem **Akkusativ**objekt:

*Ich habe der Frau **mein Auto** geschenkt.*

Sind sowohl **Akkusativ**- als auch Dativobjekt Pronomen, steht das **Akkusativ**- vor dem Dativobjekt:

*Ich habe **es** ihr geschenkt.*

Ist das **Akkusativ**objekt ein Pronomen und das Dativobjekt ein Substantiv oder umgekehrt, dann gilt die Regel: **Kurz vor lang:**

*Ich habe **es** der Frau geschenkt.*
*Ich habe ihr **mein Auto** geschenkt.*

Das Direktionalobjekt: Präposition + Substantiv im Akkusativ

Es wird bei dynamischen Verben verwendet: *setzen, legen, stellen* ...

*Tom bringt das Baby **ins Bett**.* ***Wohin** bringt er es?* ***ins Bett***

Die Stellung im Satz: Wenn es im Satz ein Akkusativobjekt gibt, steht es nach diesem.

*Die Schwester bringt das Baby **ins Bett.***

Das Lokalobjekt: Präposition + Substantiv im Dativ

Es wird bei statischen Verben verwendet: bleiben, liegen, stehen, sitzen, hängen, sein ...

*Das Baby ist **im Bett**.* ***Wo** ist das Baby?* ***im Bett***

Die Stellung im Satz: Es kann am Satzanfang oder -ende stehen.

Das Baby	*ist*	***im Bett.***
Neben mir	*liegt*	*das Baby.*

Das Präpositionalobjekt

Manche Verben treten fast immer mit einer Präposition auf. Die Präposition bestimmt den Kasus, z. B. *warten auf, hoffen auf, sich freuen über/auf ...* ► Kapitel 8

Objekt mit Präposition im Dativ	*Wir beginnen mit der Party.*
Objekt mit Präposition im Akkusativ	*Ich denke an dich.*

Die Stellung im Satz: Präpositionalobjekte stehen am Ende der Satzmitte.

Satzanfang	Verb	Satzmitte	Satzende
Susanne	*denkt*	*jeden Abend* ***an ihn.***	

Das Genitivobjekt

Es wird relativ selten gebraucht.

Das ist der Kinderwagen ***des Babys.***	***Wessen*** *Kinderwagen ist das?*	***des Babys***

Leicht gemerkt!

Sie können nach den Satzgliedern mit **W-Fragen** (Ergänzungsfragen) fragen:
Wer?, Wie?, Was?, Wo?, Wann?, Warum?, Womit?, ...

Die Stellung der Satzglieder ist einigermaßen frei. Es gibt allerdings gewisse Tendenzen, was die Reihenfolge im Satz betrifft. Hier einige Richtlinien zur Orientierung:

- Kurz vor lang:
  Der Bäcker verkaufte ***ihr fünf Brezeln für nur zwei Euro.***
- Schon bekannt vor unbekannt:
  Er *packte* ***die Brezeln in eine Tüte.***
- Bei mehreren Satzgliedern zuerst Nominativ:
  Dann hielt ***der Bäcker der Frau die Tür*** *auf.*
- Satzglieder mit starkem Verbbezug am Satzende:
  Dafür schenkte sie ihm ***ein Lächeln.***
- Akkusativ- und Dativergänzungen s. oben S. 138

Die Satzarten

Man unterscheidet verschiedene Satzarten, weil sie unterschiedliche Aussagen treffen können. Das Verb hat dabei unterschiedliche Positionen.

Der Hauptsatz

In Hauptsätzen steht das Verb auf Position 2 oder am Anfang des Satzes.
Zu den Hauptsätzen werden folgende Satzarten gezählt:

	Satzarten	Verb	Beispielsatz
.	Aussagesatz	Position 2	*Ein junger Mann **ging** zum Flughafen.*
?	W-Frage	Position 2	*Wohin **fliegst** du?*
?	Ja/Nein-Frage	Satzanfang	***Fliegst** du allein? – Ja.*
!	Imperativsatz	Satzanfang	***Beeil** dich!*

Der Aussagesatz

Der Aussagesatz ist die meistgebrauchte Satzart. Er kann ...

erzählen	*Es war einmal vor vielen Jahren ...*
berichten	*Kurz darauf geschah der Unfall.*
feststellen	*Heute ist schönes Wetter.*

Positionen im Satz:

Satzanfang (Position 1): Hier steht meist das Subjekt oder ein Adverb.
Position 2: Das ist die Position des konjugierten Verbs.
Die Elemente der Satzmitte:

- **Das Subjekt**: Wenn ein Adverb am Satzanfang steht, ist die Position des Subjekts direkt hinter dem Verb.
- **Adverbien**: Sie stehen oft zwischen zwei Objekten oder haben oft folgende Reihenfolge in der Satzmitte:
  temporal – kausal – modal – lokal ► Kapitel 8, Die Adverbien
  (wann?) – (warum?) – (wie?) – (wo?)
- **Objekte**: ► Kapitel 9, Die Objekte im Satz
- **Satzende**: hier steht der andere Verbteil

Satz-anfang	Verb	Satzmitte (Subjekt, Adverbien, Objekt)	Satzende
Position 1	Position 2		
Du	**kommst**	am Montag	**an.**
Dann	**können**	wir einen Tee	**trinken gehen.**
Ich	**rufe**	heute deswegen einmal bei dir	**an.**
Es	**ist**	so	**aufregend.**
Ich	**freue**	mich schon auf dich.	

Leicht gemerkt!

Die Reihenfolge hinter dem Verb können Sie sich mit dem Kunstwort „Tekamolo" (Temporal – kausal – modal – lokal) merken. Allerdings ist das keine feste Regel, eher eine Richtlinie, denn Umstellungen sind häufig möglich, z. B. wenn man etwas betonen möchte.

Ich fuhr	*gestern*	*wegen Kopfschmerzen*	*mit dem Bus*	*zum Arzt.*
	Temporal	**Ka**usal	**Mo**dal	**Lo**kal

Die Negation im Satz

Nicht steht meist am Ende des Satzes. Es gibt aber Ausnahmen:

Ich	*komme*		***nicht.***		
Thomas	*ruft*		***nicht***	*an.*	2-teiliges Verb
Er	*ist*	*doch*	***nicht***	*da.*	*sein* + Adverb
Till	*ist*		***nicht***	*sein Onkel.*	*sein* + Substantiv
Opa	*ist*	*noch*	***nicht***	*alt.*	*sein* + Adjektiv
Mutter	*fährt*	*heute*	***nicht***	*schnell.*	Adverb der Art und Weise
Sie	*fliegt*	*bestimmt*	***nicht***	*über Prag.*	Objekt + Präposition

Der Fragesatz

In diesen Sätzen wird nach etwas gefragt. Man unterscheidet:
W-Fragen (Ergänzungsfragen) ***Warum*** *bist du so müde?*
Sie beginnen mit einem Fragewort: ***wann, warum, weshalb, wieso, wozu …***

Satzstellung: An erster Stelle steht das Fragewort, das Verb auf Position 2.

Fragewort	Verb	Satzmitte	Satzende
Was	*machst*	*du?*	
Wo	*kommst*	*du*	*her?*

Ja/Nein-Fragen (Entscheidungsfragen) *Bist du allein?*
Auf diese Frage antwortet man mit *ja* oder *nein*.

1. Möglichkeit:

Haben Sie ein eigenes Haus?	
positive Antwort: *Ja. (Ich habe ein eigenes Haus.)*	negative Antwort: *Nein, ich habe kein eigenes Haus.*

2. Möglichkeit:

*Haben Sie **nicht** ein eigenes Haus? (Negation in der Frage)*	
positive Antwort: *Doch. (Ich habe ein eigenes Haus.)*	negative Antwort: *Nein, ich habe kein eigenes Haus.*

Das konjugierte Verb steht am Satzanfang, danach folgt das Subjekt.

Verb	Satzmitte	Satzende
Hältst	*du die Tasche*	*mal?*
Kommt	*ihr nach Feierabend*	*mit ins Kino?*

Der Imperativsatz

Imperativsätze sind Aufforderungssätze, die freundlich, warnend, befehlend oder verbietend gemeint sind. ▶ Kapitel 6, Der Imperativ

Satzstellung: Das Verb steht im Imperativ am Satzanfang.

Die 1. und 3. Person Plural brauchen eine Nominativergänzung. Sie steht nach dem Verb.

Satzanfang	Satzmitte	Satzende
Geh	*hier*	*weg!*
Kommen	***Sie***	*bitte!*
Bitte komm	*doch*	*mit!*

Bitte kann vor dem Verb stehen.

Hauptsatzkombinationen

aber oder ***und***: Hauptsätze können durch nebenordnende Konjunktionen miteinander verbunden werden. Die Wortstellung der beiden Hauptsätze ändert sich nicht. ▶ Kapitel 8, Die Konjunktion

Die Positionen im Satz

Satzanf.	Verb	Satzmitte	Satzende	**Konj.**	Satzanf.	Verb	Satzmitte	Satzende
Er	*ist*	*ins Kino*	*gegangen,*	***und***	*es*	*hat*	*noch Karten*	*gegeben.*
Zuerst	*kam*	*Werbung,*		***aber***	*dann*	*fing*	*der Film*	*an.*

Nebensätze

Nebensätze haben einen anderen Satzaufbau als Hauptsätze. Sie können nicht allein stehen. Durch eine unterordnende Konjunktion, auch **Subjunktion** genannt, werden sie mit einem Hauptsatz verbunden. Zwischen Haupt- und Nebensatz steht ein Komma.
Nebensätze werden durch verschiedene Wortarten eingeleitet:
- durch Konjunktionen: *Marie isst viel, **weil** sie wächst.*
- durch ein Fragewort: *Ich weiß, **warum** sie so viel isst.*
- durch ein Relativpronomen: *Heute kommt die Vertreterin, **die** so interessante Bücher hat.*
- durch Infinitive mit *um ... zu: Er geht ins Ausland, **um** dort **zu** studieren.*

Die Positionen im Nebensatz

! Allgemeine Regeln:

Hauptsatz	unterordnende Konjunktion	Satzmitte	Satzende Verb

- Das konjugierte Verb steht am Satzende:
  Ich denke, dass sie ***kommt****.*
- Bei einem zweiteiligen Verb steht das Vollverb vor dem Hilfsverb:
  Ich frage mich, ob er heute Morgen ***eingekauft hat****.*
- Trennbare Verben werden **nicht** getrennt!
  Ich kann jetzt nicht, weil ich ***abwasche****.*
- Bei Modalverben: Das Vollverb im Infinitiv steht vor dem konjugierten Modalverb. *Ich weiß, dass er mich* ***abholen will****.*
  Im Perfekt steht das konjugierte Hilfsverb vor den anderen Verbteilen. *Ich weiß, warum das Unglück* ***hat kommen müssen****.*
- Die Elemente der Satzmitte sind wie im Hauptsatz geordnet.
  ▶ Kapitel 9, Der Hauptsatz

Konjunktionale Nebensätze

dass, ob, weil, wenn: Die Nebensätze werden durch eine Subjunktion eingeleitet. ▶ Kapitel 8, Die Konjunktion
Wie die Konjunktionen kann man sie nach ihrer Bedeutung in Gruppen einteilen:

Kausale Nebensätze

Sie geben einen Grund an, der sich auf eine Information im Hauptsatz bezieht.

da – wird besonders in schriftlichen Texten gebraucht.
Da *so viele Schüler krank waren, fiel der Ausflug aus.*
Die Schule fiel aus, ***weil*** *es so heiß war.*

Finale Nebensätze

Sie geben einen Zweck, ein Ziel oder eine Absicht an.

Ich gehe jetzt los, ***damit*** *ich dich noch treffe.*

! Wenn in Haupt- und Nebensatz nur von einer Person die Rede ist, verwendet man ***um … zu*** **+ Infinitiv**. Der Infinitiv steht am Satzende.

Ich esse täglich Obst, ***um*** *gesund* ***zu bleiben****.*

Temporale Nebensätze

In temporalen Nebensätzen werden mithilfe von Subjunktionen Zeitverhältnisse ausgedrückt.

Konjunktionen der Gleichzeitigkeit – Mehrere Handlungen geschehen zur gleichen Zeit.

während	***Während*** *die Kinder ernteten,*	*fuhr der Opa mit dem Traktor.*
solange	***Solange*** *du Fieber hast,*	*solltest du im Bett bleiben.*
sobald	***Sobald*** *der Sommer kommt,*	*gehen wir segeln.*
	Sobald *er abgefahren ist,*	*gehen wir ins Kino.*

! Bei ***sobald*** kann sich das Tempus in Haupt- und Nebensatz unterscheiden.

Der Zeitpunkt der gleichzeitigen Handlungen liegt in der Vergangenheit.

als	***Als*** *wir losgingen,*	*schliefst du noch.*

Der Zeitpunkt der gleichzeitigen Handlungen ist in der Gegenwart oder Zukunft.

wenn	***Wenn*** *ich arbeite,*	*brauche ich Ruhe.*
	Wenn *du müde wirst,*	*geh ins Bett.*

Konjunktionen der Vorzeitigkeit – Das Geschehen des Nebensatzes ist abgeschlossen und geht dem Hauptsatz zeitlich voraus. Darum stehen diese Nebensätze auch oft vor dem Hauptsatz. Das Tempus in Haupt- und Nebensatz ist meist gleich. Ausnahmen sind aber möglich.

nachdem

Nachdem *du die Prüfung geschafft hast,*	*kannst du dich an der Fachschule bewerben.*
Tempus im Nebensatz: Plusquamperfekt	Tempus im Hauptsatz: Perfekt oder Präteritum
Nachdem *er Tennis gespielt hatte,*	*ist er gleich nach Hause gegangen./ ging er gleich nach Hause.*

Dauer von einem Zeitpunkt bis jetzt

seit/seitdem	*Seitdem er raucht,*	*sind die Gardinen grau.*

Konjunktionen der Nachzeitigkeit – Die Handlung des Nebensatzes liegt zeitlich nach der des Hauptsatzes.

	1. Handlung (davor)	2. Handlung (danach)
bevor	*Wir müssen die Katze noch füttern,*	*bevor wir losfahren.*
ehe	*Ehe der Monteur kommt,*	*muss die Wäsche aus der Maschine sein.*

Dauer von jetzt bis zu einem bestimmten Zeitpunkt

bis *Ich warte, bis du fertig bist.*

Konditionale Nebensätze

Die Nebensätze drücken eine Bedingung aus. Im Hauptsatz steht die Konsequenz.

Bedingung	Konsequenz
Wenn du aufhörst,	*lasse ich dich in Ruhe.*
Wenn du nicht aufhörst,	*werde ich sauer.*
Falls du Zeit hast,	*kannst du den Wasserhahn reparieren.*

Konzessive Nebensätze

Sie haben eine einschränkende Bedeutung.

Nebensätze mit ***ob*** drücken Zweifel oder Nichtwissen aus. Sie beziehen sich auf eine *Ja/Nein*-Frage ohne Fragewort.

Ich weiß nicht, ***ob*** *er kommt.*

obwohl/obgleich – Die Konsequenz ist anders als erwartet.

Obwohl *ich müde bin, kann ich nicht schlafen.*

Konsekutive Nebensätze

Sie drücken eine Folge aus.

	Folge
Er kam viel zu spät,	***so dass*** *der Film fast vorbei war.*
Er kam so viel zu spät,	***dass*** *der Film fast vorbei war.*

Komparative Nebensätze

Diese Sätze drücken einen Vergleich aus.

als ob – Etwas ist wahrscheinlich so, wie man denkt.

Es kommt mir vor, ***als ob*** *ich dicker geworden wäre.*

so ... wie – bei vergleichenden Adjektiven

Sie ist ***so*** *groß,* ***wie*** *ihr Bruder einmal werden will.*

Als und ***so ... wie*** als Satzteilkonjunktion ▶ Kapitel 8, Die Konjunktion

Positionen der Elemente der konjunktionalen Nebensätze

Haupt- und Nebensatz

Der Nebensatz steht in der Regel an zweiter Stelle.

Subjekt	Verb	Satzmitte	Satzende	Sub-junktion	Satzmitte	Satzende
Wir	*waren*	*am Strand,*		***als***	***der Sturm***	***kam.***

Der Nebensatz kann bei einigen Konjunktionen an erster Stelle stehen: *da, während, wenn, nachdem, seitdem, obwohl.*

Sub-junktion	Satzmitte	Satzende	Verb	Satzmitte	Satzende
Da	***es heute***	***regnet,***	*nehme*	*ich den Schirm*	*mit.*

Nebensätze, die mit *zu* + Infinitiv eingeleitet werden

Der Infinitiv steht meist am Ende des Satzes. ► Kapitel 6, Der Infinitiv mit *zu*

Subjekt	Verb	Satzmitte			Satzende
Ich	*habe*	*heute*	*keine Zeit,*	*mit dir*	***zu spielen.***

Die Teile ***ohne, um, (an)statt*** stehen am Anfang des Nebensatzes. Oft steht die Infinitivkonstruktion auch vor dem Hauptsatz.

Ohne *mir tschüss zu sagen, verließ er den Raum.*

Relativsätze

Diese Nebensätze werden durch ein Relativpronomen eingeleitet. ▶ Kapitel 3. Sie erklären ein Substantiv oder Pronomen im Hauptsatz näher.

Hauptsatz	Relativpronomen	Satzmitte	Satzende
Das ist Klaus,	***mit dem***	***ich im Urlaub***	***war.***

Relativsätze werden oft in einen Hauptsatz eingeschoben:

Herr Müller, ***der gern Bier trinkt,*** *hat schon eine rote Nase.*

Nebensätze mit Fragewort

Diese Nebensätze kommen nach den Verben *sagen, fragen, wissen* vor.

Hauptsatz	Fragewort	Satzmitte	Satzende
Weißt du,	*wo*	*mein Vater*	***ist?***

Denken Sie sich Sätze aus und schreiben Sie die einzelnen Wörter der Sätze auf Kärtchen. Mischen Sie die Kärtchen eines Satzes und puzzeln Sie anschließend den Satz wieder zusammen. Gibt es vielleicht mehrere Möglichkeiten?
Sie können auch alle Kärtchen mischen und willkürlich Wörter ziehen, bis Sie einen vollständigen Satz beisammen haben.

10 | Grammatische Varianten des Standard-Sprachgebrauchs in Österreich und der Schweiz

Das Deutsch, das in Deutschland, in Österreich und der Schweiz gesprochen wird, ist keineswegs einheitlich. Es gibt zum Teil große Unterschiede in den Bereichen Aussprache, Wortschatz und Grammatik. Einige grammatische Besonderheiten aus dem Österreichischen Deutsch und dem Schweizerdeutschen, die teilweise auch im süddeutschen Sprachraum sehr verbreitet sind, sollen hier vorgestellt werden.

Österreichisches Deutsch

1. Das Perfekt wird in der Umgangssprache bevorzugt:
Gestern in der Früh ***bin*** *ich ins Café* ***gegangen****.*

2. Das Perfekt von *hängen, knien, liegen, reiten, schwimmen, sitzen* und *stehen* wird mit *sein* gebildet:
Ich ***bin*** *im Kino* ***gesessen****.*

3. Es gibt Unterschiede beim Gebrauch der Präpositionen:

Österreichisches Deutsch	Standardhochdeutsch
Vergiss nicht ***auf*** *dein Versprechen!*	*Vergiss dein Versprechen nicht!*

*Ich fahre in der Nacht **auf** Sonntag.*	*Ich fahre in der Nacht **zu** Sonntag!*
*Die Sache hängt mir **beim** Hals heraus!*	*Die Sache hängt mir **zum** Hals heraus!*
*Er hat ihr eine Kette **um** 200 € gekauft.*	*Er hat ihr eine Kette **für** 200 € gekauft.*
*Zahlen Sie bitte **bei** der Kassa.*	*Zahlen Sie bitte **an** der Kasse.*

4. Vor Eigennamen steht in der Umgangssprache der bestimmte Artikel:

***Die** Marianne kommt heute später.*	*Marianne kommt heute später.*

5. Es gibt Unterschiede im Genus:

***die** Sellerie, **der** Polster, **der** Kilo*	***der** Sellerie, **das** Polster, **das** Kilo*

6. ... und in der Pluralbildung (häufig Umlaute):

*die B**ö**gen, die W**ä**gen, die M**ä**gen*	*die B**o**gen, die W**a**gen, die M**a**gen*

7. Es gibt vorwiegend in der Umgangssprache besondere Suffixe: -**er**, -**ler**, -**ner**

*ein Sechs**er**, ein Tax**ler**, Ausbild**ner***	*eine Sechs, ein Taxifahrer, Ausbilder*

8. ... und Diminutivsuffixe: -**erl**, -**el** (nur Umgangssprache)

*das Sack**erl**, das Würst**el***	*das Säckchen, das Würstchen*

9. Adverbien mit Suffix -**s**:

*weiter**s**, öfter**s***	*weiter, öfter*

10. Häufige Umlautbildung:

*eisenh**ä**ltig, dreif**ä**rbig*	*eisenh**a**ltig, dreif**a**rbig*

11. Häufiger Gebrauch der Fugen -**s**-, -**es**-:

*Aufnahm**s**prüfung, Rind**s**braten*	*Aufnahm**e**prüfung, Rind**er**braten*

12. Fehlende Fugen bei Substantiven, die von Verben abgeleitet wurden:

Ausrufzeichen, Visitkarte	*Ausrufezeichen, Visitenkarte*

13. Verwendung anderer Grund- und Bestimmungswörter bei Komposita:

***Dienst**geber, **Dienst**nehmer*	***Arbeit**geber, **Arbeit**nehmer*
*sich aus**rasten***	*sich aus**ruhen***

Kennen Sie sich in der österreichischen Küche aus? Versuchen Sie, die deutschen Entsprechungen den österreichischen Wörtern zuzuordnen.

1.	**Topfen**	a.	**Meerrettich**
2.	**Obers**	b.	**Blumenkohl**
3.	**Kren**	c.	**Aprikosen**
4.	**Paradeiser**	d.	**Quark**
5.	**Karfiol**	e.	**Tomaten**
6.	**Marillen**	f.	**Sahne**

Lösung: 1d, 2f, 3a, 4e, 5b, 6c

Schweizerdeutsch

Das Schweizerdeutsch ist so vielseitig, dass nur schwer einheitliche Formen angegeben werden können. Die Besonderheiten betreffen hauptsächlich die gesprochene Umgangssprache. Hier einige Besonderheiten aus schweizerischen Dialekten:

1. Verben stehen in manchen Dialekten mit anderen Kasus und Präpositionen:

Schweizerdeutsch	**Standardhochdeutsch**
*Ich gratuliere **für** deinen Geburtstag.*	*Ich gratuliere **zu** deinem Geburtstag.*
*Denk **auf** unser Treffen!*	*Denk **an** unser Treffen!*
*Sport nützt **die** Gesundheit.*	*Sport nützt **der** Gesundheit.*

2. Es gibt eine weitere Negativkonstruktion. Neben *Heut ist **kein** schönes Wetter.* kann man sagen *Heut ist **nicht** schönes Wetter.*

3. Vor Eigennamen steht der bestimmte Artikel:

***Die** Marianne kommt heute später.*	*Marianne kommt heute später.*

4. Es gibt Unterschiede im Genus:

***der** Butter, **der** Socken*	***die** Butter, **die** Socke*
***das** Kaffee* (als Getränk)	***der** Kaffee*

5. Es gibt ein besonderes Diminutivsuffix: **-li** (**-lein**):
*Päck**li*** (*Päckchen*), *Stück**li*** (*Stückchen*), *Guetz**li*** (*Plätzchen*)

Chuchichäschtli ist das typische schweizerdeutsche Wort schlechthin.
Es bedeutet wörtlich ‚Küchenkästchen', also Küchenschrank, und ist eine sprachliche Herausforderung für alle Nicht(deutsch)schweizer. Versuchen Sie mal es auszusprechen. Das *ch* ist sehr rau und wird im Rachen mit dem Gaumenzäpfchen erzeugt.

6. Abweichung bei Verben:

parkieren	*parken*

7. Abweichung bei Adjektiven und Adverbien:

lärmig, weiters, schlussendlich	*lärmend, weiter, schließlich*

8. Anderer Gebrauch der Fugenlaute **-e-** und **-s-**:

Badanzug, Badkleid	*Bad**e**anzug*

9. Verwendung anderer Grund- und Bestimmungswörter bei Komposita:

*Kartoffel**stock***	*Kartoffel**brei***
***Glätt**eisen*	***Bügel**eisen*
***Nas**tuch*	***Taschen**tuch*

Leicht gemerkt!

Wenn Sie in der Schweiz essen möchten, dann sollten Sie sich folgende Begriffe merken:

Zmorge (Morgen)	*Frühstück*
Znüni (neun Uhr)	*Imbiss am Vormittag*
Zmittag (Mittag)	*Mittagessen*
Zvieri (vier Uhr)	*Imbiss am Nachmittag*
Znacht (Nacht)	*Abendbrot*

Achten Sie auf die Zeitangaben, die in den Begriffen stecken – dann ist es ganz einfach!

Unregelmäßige Verben

Infinitiv	Präteritum 3. Person Singular	Partizip II
befehlen	befahl	befohlen
beginnen	begann	begonnen
behalten	behielt	behalten
beißen	biss	gebissen
bekommen	bekam	bekommen
belügen	belog	belogen
beraten	beriet	beraten
beschließen	beschloss	beschlossen
beschreiben	beschrieb	beschrieben
besitzen	besaß	besessen
bestehen	bestand	bestanden
betragen	betrug	betragen
betrügen	betrog	betrogen
beweisen	bewies	bewiesen
bewerben	bewarb	beworben
beziehen	bezog	bezogen
biegen	bog	gebogen
bieten	bot	geboten
binden	band	gebunden
bitten	bat	gebeten
blasen	blies	geblasen
bleiben	blieb	ist geblieben
braten	briet	gebraten
brechen	brach	hat/ist gebrochen
brennen	brannte	gebrannt
bringen	brachte	gebracht
denken	dachte	gedacht
dringen	drang	ist gedrungen
dürfen	durfte	dürfen/gedurft Modalverb/Vollverb
enthalten	enthielt	enthalten
entlassen	entließ	entlassen
empfehlen	empfahl	empfohlen
entscheiden	entschied	entschieden
entschließen	entschloss	entschlossen
entsprechen	entsprach	entsprochen

Infinitiv	Präteritum 3. Person Singular	Partizip II
entstehen	entstand	ist entstanden
erfahren	erfuhr	erfahren
erfinden	erfand	erfunden
erhalten	erhielt	erhalten
erkennen	erkannte	erkannt
erscheinen	erschien	ist erschienen
erschrecken	erschrak	ist erschrocken
erziehen	erzog	erzogen
essen	aß	gegessen
fahren	fuhr	ist gefahren
fallen	fiel	ist gefallen
fangen	fing	gefangen
finden	fand	gefunden
fliegen	flog	ist geflogen
fliehen	floh	ist geflohen
fließen	floss	ist geflossen
fressen	fraß	gefressen
frieren	fror	hat/ist gefroren
geboren werden	wurde geboren	ist geboren worden
geben	gab	gegeben
gefallen	gefiel	gefallen
gehen	ging	ist gegangen
gelingen	gelang	ist gelungen
gelten	galt	gegolten
genießen	genoss	genossen
geraten	geriet	ist geraten
geschehen	geschah	ist geschehen
gewinnen	gewann	gewonnen
gießen	goss	gegossen
gleiten	glitt	ist geglitten
graben	grub	gegraben
greifen	griff	gegriffen
haben	hatte	gehabt

Infinitiv	Präteritum 3. Person Singular	Partizip II
halten	hielt	gehalten
hängen	hing	hat/ist gehangen
hauen	haute (hieb)	gehauen
heben	hob	gehoben
heißen	hieß	geheißen
helfen	half	geholfen
kennen	kannte	gekannt
klingen	klang	geklungen
kommen	kam	ist gekommen
können	konnte	können/ gekonnt Modalverb/ Vollverb
laden	lud	geladen
laufen	lief	ist gelaufen
lassen	ließ	lassen/ gelassen
leiden	litt	gelitten
leihen	lieh	geliehen
lesen	las	gelesen
liegen	lag	hat/ist gelegen
lügen	log	gelogen
mahlen	mahlte	gemahlen
meiden	mied	gemieden
melken	melkte	gemelkt (gemolken)
messen	maß	gemessen
misslingen	misslang	ist misslungen
missverstehen	missverstand	missverstanden
mögen	mochte	mögen/ gemocht
müssen	musste	müssen/ gemusst Modalverb/ Vollverb
nehmen	nahm	genommen
nennen	nannte	genannt

Infinitiv	Präteritum 3. Person Singular	Partizip II
pfeifen	pfiff	gepfiffen
raten	riet	hat/ist geraten
reiben	rieb	gerieben
reißen	riss	gerissen
reiten	ritt	hat/ist geritten
rennen	rannte	ist gerannt
riechen	roch	gerochen
rufen	rief	gerufen
salzen	salzte	gesalzt (gesalzen)
saufen	soff	gesoffen
saugen	saugte[1]/ sog	gesaugt / gesogen
schaffen	schuf/ schaffte[2]	geschaffen/ geschafft
scheinen	schien	geschienen
schieben	schob	geschoben
schießen	schoss	geschossen
schlafen	schlief	geschlafen
schlagen	schlug	geschlagen
schleifen	schliff/ schleifte	geschliffen/ geschleift
schließen	schloss	geschlossen
schmeißen	schmiss	geschmissen
schmelzen	schmolz	hat/ist geschmolzen
schneiden	schnitt	geschnitten
schreiben	schrieb	geschrieben
schreien	schrie	geschrie(e)n
schweigen	schwieg	geschwiegen
schwimmen	schwamm	hat/ist geschwommen
schwören	schwor	geschworen
sehen	sah	gesehen
sein	war	ist gewesen
senden	sandte/ sendete[3]	gesandt / gesendet
singen	sang	gesungen
sinken	sank	ist gesunken
sitzen	saß	(hat/ist) gesessen

Infinitiv	Präteritum 3. Person Singular	Partizip II
sprechen	sprach	gesprochen
springen	sprang	ist gesprungen
stechen	stach	gestochen
stehen	stand	hat/ist gestanden
stehlen	stahl	gestohlen
steigen	stieg	ist gestiegen
sterben	starb	ist gestorben
stoßen	stieß	gestoßen
streichen	strich	gestrichen
streiten	stritt	gestritten
tragen	trug	getragen
treffen	traf	getroffen
treiben	trieb	getrieben
treten	trat	getreten
trinken	trank	getrunken
tun	tat	getan
überweisen	überwies	überwiesen
unterhalten	unterhielt	unterhalten
unterscheiden	unterschied	unterschieden
unterschreiben	unterschrieb	unterschrieben
verbieten	verbot	verboten
verbinden	verband	verbunden
verbringen	verbrachte	verbracht
vergessen	vergaß	vergessen
vergleichen	verglich	verglichen
verhalten	verhielt	verhalten
verlassen	verließ	verlassen
verlieren	verlor	verloren
verraten	verriet	verraten
verschreiben	verschrieb	verschrieben
verschwinden	verschwand	ist verschwunden
versprechen	versprach	versprochen
verstehen	verstand	verstanden
vertreten	vertrat	vertreten
verzeihen	verzieh	verziehen
wachsen	wuchs	ist gewachsen
waschen	wusch	gewaschen
wenden	wendete/ wandte[4]	gewendet/ gewandt
werben	warb	geworben
werden	wurde	ist worden/ geworden
werfen	warf	geworfen
wiegen	wog/ wiegte[5]	gewogen/ gewiegt
winken	winkte	gewinkt
wissen	wusste	gewusst
wollen	wollte	wollen/ gewollt Modalverb/ Vollverb
ziehen	zog	gezogen
zwingen	zwang	gezwungen

[1] *saugte* nur im technischen Sinne
[2] *schuf* = schöpferisch hervorbringen; *schaffte* = vollbringen, arbeiten
[3] *sandte* = verschicken (Post); *sendete* = ausstrahlen (TV etc.)
[4] *wandte* nur refl. Gebrauch
[5] *wog* = Gewicht feststellen; *wiegte* = schaukeln

Erklärung der Grammatikbegriffe

Fachbegriff	Deutsch	Beispiele
Adjektiv	Eigenschaftswort	Der **interessante** Film.
Adverb	Umstandswort	Sie spricht **langsam.**
Akkusativ	Wen-Fall	Ich nehme **das Auto**.
Artikel	Geschlechtswort	**Die** Zugspitze ist **ein** Berg.
Dativ	Wem-Fall	Das glaub ich **dir** nicht.
Demonstrativ-pronomen	hinweisendes Fürwort	Ich nehme **diese** Bluse.
Futur I	Zukunft	Wir **werden** nach Köln **fliegen.**
Futur II	vollendete Zukunft	Bald **werde** ich die Arbeit **beendet haben.**
Genitiv	Wessen-Fall	Das Haus **meiner Oma** ist riesig.
Imperativ	Befehlsform	**Geh** ins Bett!
Indefinit-pronomen	unbestimmtes Fürwort	Wir verstehen nicht **viel.**
Indikativ	Wirklichkeitsform	(**geht**, **ging**, **wird gehen**, **ist gegangen**, **war gegangen**, **wird gegangen sein**)
Infinitiv	Grundform	Es beginnt zu **regnen.**
Interrogativ-pronomen	Fragewort	**Wohin** gehst du?
Komparativ	1. Steigerungsform	Meine Wohnung ist **größer als** deine.
Kompositum	Zusammengesetztes Wort	**Sonnenstrahlen**, **hitzefrei**
Konjunktion	Bindewort	Tee **oder** Kaffee?
Konjunktiv I	Möglichkeitsform I	Man **nehme** drei Eier.
Konjunktiv II	Möglichkeitsform II	Wenn ich das **gewusst hätte.**
Konsonant	Mitlaut	**b**, **c**, **d**, usw.
Modalverb	bestimmt Art und Weise des Tuns	dürfen, können, müssen, sollen, wollen, mögen
Modus	Verhältnis zwischen Subjekt und Satzaussage	Indikativ, Konjunktiv, Imperativ
Partizip I	Verbaladjektiv I	Sie stand **heulend** auf.

Partizip II	Verbaladjektiv II	Sie haben **geschrieben**.
Passiv	Leideform	Er **ist gewählt worden.**
Perfekt	vollendete Gegenwart	Wir **haben getanzt**.
Personalpronomen	persönliches Fürwort	**Ich** lerne Deutsch.
Plusquamperfekt	vollendete Vergangenheit	Ich **hatte angerufen**.
Possessivpronomen	besitzanzeigendes Fürwort	**Unsere** Lehrerin ist jung.
Präfix	Vorsilbe	**ver**lieren
Präsens	Gegenwart	Er **fliegt** nach Guatemala.
Präteritum	unvollendete Vergangenheit	Sie **war** früher sehr schüchtern.
Pronomen	Fürwort	Sie kauft **es**.
Reflexivpronomen	rückbezügliches Fürwort	Er **wäscht sich**.
Relativpronomen	bezügliches Fürwort	Der Bus, **den** wir nehmen, fährt um 9.00 Uhr.
Substantiv	Hauptwort	**Brot**, **Butter**, **Eier**, usw.
Suffix	Nachsilbe	ein traum**haftes** Häus**chen**
Superlativ	2. Steigerungsform	Der Montblanc ist **der höchste** Berg der Alpen.
Verb	Tätigkeitswort	**schreiben**, **lesen**, usw.
Vokal	Selbstlaut	**a**, **e**, **i**, **o**, **u**

Stichwortregister